Tervisliku metsiku riisi kokaraamat

Avastage metsiku riisi rikkalik ja toitev maailm enam kui 100 maitsva ja hõlpsasti valmistatava hommiku-, lõuna-, õhtusöögi- ja suupistete retseptiga

Dmitri Puusepp

Autoriõigus materjal ©2023

Kõik õigused kaitstud

Ilma kirjastaja ja autoriõiguse omaniku nõuetekohase kirjaliku nõusolekuta ei saa tema raamatut kasutada ega levitada ühelgi viisil, kujul ega kujul, välja arvatud ülevaates kasutatud lühitsitaadid. Seda raamatut ei tohiks pidada meditsiiniliste, juriidiliste või muude professionaalsete nõuannete asendajaks.

SISUKORD

SISUKORD 3
SISSEJUHATUS 7
1. Estragon-kana mangetouti ja metsiku riisiga 8
2. Basmati ja metsik riis kikerherneste, sõstarde ja ürtidega 10
3. Metsik riis ja Tšilli Kastmine 13
4. Hirss, metsik riis ja granaatõun 15
5. Ürdiga metsik riis 17
6. Salmon Crush Crunch 19
7. Metsiku riisi – täidisega kapsarullid 21
8. Metsiku riisi, kapsa ja kikerherne pilaf 23
9. Etioopia metsik riisipilaf 25
10. Juustune kana ja brokoli riisi pajaroog 27
11. Cajun part metsiku riisiga 30
12. Metsiku riisi ja kana rattad 33
13. Puuviljade ja pähklite riisisalat 36
14. Puuviljade valge ja metsiku riisi salat 38
15. Easy Wild Rice Pilaf 40
16. Harvest cobb salat 42
17. Seene- ja metsriisikoor 45
18. Riisi ja rohelise Tšiili pajaroog 48
19. Metsik riis ja kana 50
20. Riisi, baklažaani ja feta fritüürid 52
21. Tai salat tempeh 55
22. Kinoa täidetud kõrvits 57
23. Metsiku riisi ja seente risoto 59
24. Metsiku riisi ja mikrorohelise salat 61
25. Köögiviljasupp peterselli mikrohaljastega 65

26. Sidrunirooskapsa kausid kalkuni lihapallidega 67
27. Soe sügisene kana ja metsiku riisi kausid 70
28. Rooskapsas valge veiniga 73
29. Metsik riis kinoaga 76
30. Metsiku riisisupp 78
31. Metsik riis, brokkoli ja tomati salat 80
32. Läätsepilaf 82
33. Aluseline kanasupp endiiviaga 84
34. Kurgi-avokaado - basiilikusupp 86
35. Metsiku riisiga kaetud läätsekarjakoerapirukas 88
36. Metsiku riisi, mangoldi ja valge oa pajaroog 91
37. Puuviljadega kaetud metsiku riisiga täidetud tammetõrukõrvits 94
38. Metsiku riisiga täidetud paprika kressi ja apelsiniga 96
39. Röstitud lillkapsas ja šalottsibul metsiku riisiga 99
40. Metsiku riisi ja kana Kreeka salat 101
41. Oad, metsik riisipäts maguskartuli ja seentega 104
42. Kurkumis röstitud köögiviljakausid 106
43. Tai kinoa salat 109
44. Metsiku riisi idude salat 111
45. Pumpkin Wild Rice pilaf 113
46. Butternut squash ja lehtkapsa kausid 115
47. Bittersweet Citrus and Salmon Power Bowls 117
48. Mason jar peet, granaatõun ja rooskapsas 120
49. Peekon, porrulauk, tüümian, metsik riis 123
50. Köögiviljad ja metsik riis 125
51. Metsiku riisi salat magusa hernepestoga 127
52. Maguskartuli toidukausid 129
53. Tai kana buddhakausid 131
54. Metsiku riisi köögiviljasupp 134

55. Segateraline tšilli 136
56. Pärsia granaatõunasupp 138
57. Soe šiitake-metsiku riisi salat 140
58. Metsiku riisi risotto 142
59. Lambaliha, metsik riis ja aprikoos Tagine 144
60. Kana ja metsriisisupp 146
61. Metsiku riisi risotto kõrvitsaga 148
62. Vanaema maaveiseliha metsik riisisupp 150
63. Metsiku riisi kaera lihapallid 152
64. Metsiku riisi risotto spargli ja seentega 154
65. Metsiku riisi ja talveköögiviljahautis 156
66. Metsiku riisi pilaf porgandi, kreeka pähklite ja kuldsete rosinatega .. 158
67. Kaneeli metsik riis virsikutega 160
68. Praetud kana ja tomatid 162
69. Kana ja metsiku riisi supp 164
70. Kalahautis tšilliga 166
71. Loaded roheliste ja seemnetega diabeedisõbralik salat 168
72. Köögivilja- ja metsriisikausid 170
73. Metsiku riisi , õuna ja rosina salat 173
74. Juustune metsiku riisi salat 175
75. S lõhe ja Metsiku riisi hommikusöök 177
76. Suvikõrvits, mikrorohelised ja metsiku riisi salat 179
77. Microgreen metsiku riisi salat 181
78. Metsiku riisi rukola salat 183
79. Metsiku riisi fusilli ja tomati salat 185
80. Marja metsiku riisi salat 187
81. Metsiku riisi kikerherne Buddha kauss 189
82. Röstitud metsik riis köögiviljadega 191
83. Guacamole ja Black Bean Bowl 193

84. Metsiku riisi kikerherne Buddha kauss 196

85. Safran metsik riis ja peedisalat 199

86. Must uba ja Metsiku riisi salat 201

87. Tsitrusviljade riisi salat 203

88. Amarant ja Metsiku riisi salat 205

89. Baklažaan metsiku riisiga 207

90. Metsiku riisi suvesalat 209

91. Metsik riis tempehi 211

92. Wild Rice tabbouleh salat 213

93. Ensalada con Wild Rice 215

94. Apteegitill Metsik riis salat 217

95. Rio grande Wild Rice salat 219

96. Puuviljadega metsiku riisi salat 221

97. Ürdimetsa riisi salat 223

98. Vermitud metsiku riisi puuviljasalat 225

99. Mündi apelsini ja metsiku riisi salat 227

100. Metsiku riisi ja krevettide salat 229

KOKKUVÕTE 231

SISSEJUHATUS

Tere tulemast metsiku riisi kokaraamatusse, kus avastate loodusliku riisi maitsva ja toitva maailma. Sellesse kokaraamatusse oleme kogunud üle 50 retsepti, millel on metsiku riisi ainulaadne ja pähkline maitse. Alates hommikusöögist kuni magustoiduni leiate laias valikus roogasid, mis tutvustavad seda mitmekülgset koostisosa.

Metsik riis on olnud põlisameeriklaste kogukondade põhitoit sajandeid ja pole raske mõista, miks. Metsik riis pole mitte ainult maitsev, vaid on ka täis toitaineid. Üks tass keedetud metsikut riisi sisaldab 6 grammi valku, 3 grammi kiudaineid ja olulisi mineraale nagu magneesium ja fosfor. Samuti on see loomulikult gluteenivaba ja madala rasvasisaldusega.

Metsiku riisi kokaraamatust leiate retsepte sellistele klassikalistele roogadele nagu metsiku riisisupp, metsiku riisi pilaf ja metsiku riisi pajaroog. Kuid oleme lisanud ka loomingulisemaid ja kaasaegsemaid retsepte, nagu metsiku riisiga täidetud squash, metsiku riisi ja seente risoto ning metsiku riisipuding. Oleme lisanud isegi retseptid hommikusöögiroogade jaoks, nagu metsiku riisi ja mustika pannkoogid ning metsiku riisi hommikusöögikauss.

Kuid The Wild Rice Cookbook ei puuduta ainult retsepte. Lisasime ka teavet metsiku riisi kasulike toiteväärtuste kohta ning näpunäiteid selle ainulaadse koostisosaga toiduvalmistamiseks. Kas teadsite, et metsik riis ei ole tehniliselt üldse riis, vaid teatud tüüpi muru? Või et metsikut riisi saab valge riisi asemel kasutada peaaegu igas retseptis?

Olenemata sellest, kas olete kogenud kokk või alles köögis alustamas, pakub The Wild Rice Cookbook igaühele midagi. Meie retsepte on lihtne järgida ja kasutada koostisosi, mida võib leida enamikust toidupoodidest. Ja metsiku riisi toiteväärtuslike eeliste tõttu tunnete end taldrikule pandava hea meelega.

Miks mitte proovida midagi uut ja lisada oma toidukordadele toitev ja maitsev vingerpussi The Wild Rice kokaraamatu abil? See kokaraamat, mis sisaldab retsepte igaks elujuhtumiks ja näpunäiteid metsiku riisi oma dieeti lisamiseks, muutub kindlasti teie köögis populaarseks!

1. Estragoni kana mangetouti ja metsiku riisiga

Valmistab: 1 portsjon

KOOSTISOSAD:
- 20 g metsiku riisi segu
- soola
- Pipar
- 40 g suhkruherneid
- 1 kanašnitsel (umbes 150 g)
- 1 väike küüslauguküüs
- 4 vart estragoni
- 1 spl sidrunimahla
- 1 spl õli
- Kaunistuseks roosad marjad

JUHISED:
a) Valmistage riis keevas soolaga maitsestatud vees vastavalt pakendi juhistele.
b) Peske ja puhastage mangetout.
c) Peske liha ja kuivatage.
d) Koori küüslauk ja haki peeneks.
e) Pese estragon, loksuta kuivaks ja haki peeneks.
f) Sega küüslauk ja estragon sidrunimahlaga – maitsesta soola ja pipraga.
g) Keera liha marinaadis. Kuumuta väikesel pannil õli. Prae liha mõlemalt poolt umbes 2 minutit keskmisel kuumusel, hoia soojas.
h) Keera mangetout praerasva sisse. Deglaseerige 75 ml veega. Hauta umbes 5 minutit, maitsesta soola ja pipraga.
i) Nõruta riis.
j) Aseta taldrikule kanaeskalopp mangetouti ja riisiga ning kaunista roosa pipraga.

2. Basmati ja metsik riis kikerherneste, sõstarde ja ürtidega

Mark: 6

KOOSTISOSAD
- ⅓ tassi / 50 g metsikut riisi
- 2½ spl oliiviõli
- ümardatud 1 tass / 220 g basmati riisi
- 1½ tassi / 330 ml keeva veega
- 2 tl köömneid
- 1½ tl karripulbrit
- 1½ tassi / 240 g keedetud ja nõrutatud kikerherneid (konservid sobivad)
- ¾ tassi / 180 ml päevalilleõli
- 1 keskmine sibul, õhukeselt viilutatud
- 1½ tl universaalset jahu
- ⅔ tassi / 100 g sõstraid
- 2 spl hakitud lamedate lehtedega peterselli
- 1 spl hakitud koriandrit
- 1 spl hakitud tilli
- soola ja värskelt jahvatatud musta pipart

JUHISED

a) Alustuseks pane metsik riis väikesesse kastrulisse, kata rohke veega, lase keema tõusta ja lase umbes 40 minutit podiseda, kuni riis on küps, kuid siiski üsna tahke. Nõruta ja tõsta kõrvale.

b) Basmati riisi küpsetamiseks valage 1 supilusikatäis oliiviõli tihedalt suletava kaanega keskmisesse kastrulisse ja asetage see kõrgele kuumusele. Lisa riis ja ¼ teelusikatäit soola ning sega riisi soojendamise ajal. Lisa ettevaatlikult keev vesi, alanda kuumust väga madalale, kata pann kaanega ja jäta 15 minutiks keema.

c) Tõsta pann tulelt, kata puhta rätikuga ja seejärel kaanega ning jäta tulelt 10 minutiks seisma.

d) Riisi küpsemise ajal valmista kikerherned. Kuumuta väikeses potis kõrgel kuumusel ülejäänud 1½ spl oliiviõli. Lisage köömned ja karripulber, oodake paar sekundit ning seejärel lisage kikerherned ja ¼ teelusikatäit soola; tee seda kiiresti, muidu võivad vürtsid õlis kõrbeda. Segage kuumusel minut või paar, et kikerherned kuumeneks, seejärel tõstke suurde segamisnõusse.

e) Pühkige kastrul puhtaks, valage sisse päevalilleõli ja asetage kõrgele kuumusele. Veenduge, et õli oleks kuum, visates sisse väikese tüki sibulat; see peaks tugevalt särisema. Segage sibul kätega jahuga, et seda kergelt katta. Võtke osa sibulast ja asetage see ettevaatlikult (võib sülitada!) õli sisse. Prae 2–3 minutit kuni kuldpruunini, seejärel tõsta paberrätikutele nõrguma ja puista üle soolaga. Korrake partiide kaupa, kuni kogu sibul on praetud.

f) Lõpuks lisa kikerhernestele mõlemat tüüpi riis ning seejärel sõstrad, ürdid ja praetud sibul. Segage, maitsestage ja lisage oma maitse järgi soola ja pipart. Serveeri soojalt või toatemperatuuril.

3. Metsik riis ja Tšilli Dip

Valmistab: 4 juurde 6 portsjonid

KOOSTISOSAD:
- 12 untsi kohta keedetud läätsed
- 1/4 tass pärmivaba juurvilja puljong
- 1/4 tass hakitud roheline kelluke pipar
- 1/2 nelk küüslauk, vajutatud
- 1 tass kuubikuteks lõigatud tomatid
- 1/4 tass hakitud sibul
- 2 untsi Kreem juust
- 1/2 supilusikatäis tšilli pulber
- 1/2 teelusikatäis köömned
- 1/4 teelusikatäis meri soola
- Kriips paprika
- 1/2 tass keedetud metsik riis

JUHISED
a) sisse a väike kaste pann, kokkama a läätsed ja juurvilja puljong.
b) Lisama a sibul, kelluke pipar, küüslauk, ja tomatid ja kokkama jaoks 8 minutit läbi keskmine soojust.
c) sisse a blender, kombineerida Kreem juust, tšilli pulber, köömned, ja meri soola kuni sile.
d) Kombineeri a riis, kreem juust segada, ja lääts juurvilja segada sisse a suur segamine kaussi ja viskama hästi.

4. Hirss, metsik riis ja granaatõun

Koostisained
- 2 tassi metsikut riisi, keedetud
- 1 tass paisutatud mille t
- 1/2 tassi granaatõuna tükid
- 5-6 karrilehte
- 1/2 tl sinepiseemneid
- 1/2 tl köömneid
- 1/8 tl asafetida
- 5 tl õli
- Suhkur maitse järgi
- Soola maitse järgi
- Värske või kuivatatud kookospähkel - purustatud
- Värsked koriandri lehed

Juhised
1. Kuumuta õli ja lisa sinepiseemned .
2. Kui need hüppavad , lisage köömned, asafetida ja karrilehed.
3. Lisa õli , vürtsisegu, suhkur ja sool.
4. Lisa hirss ja metsik riis ja küpseta 20 minutit.
5. Serveeri soovi korral koriandri ja kookosega.

5. Ürdiga metsik riis

Mark: 8

KOOSTISOSAD:
- 3 tassi metsikut riisi, loputatud ja nõrutatud
- 6 tassi röstitud köögiviljapuljongit
- ½ tl soola
- ½ tl kuivatatud tüümiani lehti
- ½ tl kuivatatud basiiliku lehti
- 1 loorberileht
- ⅓ tassi värsket lamedate lehtedega peterselli

JUHISED:
a) Segage 6-liitrises aeglases pliidis metsik riis, köögiviljapuljong, sool, tüümian, basiilik ja loorberileht.
b) Sulgege ja keetke madalal kuumusel 4–6 tundi.
c) Saate seda rooga kauem küpsetada, kuni metsik riis hüppab, selleks kulub umbes 7–8 tundi.
d) Eemaldage ja visake loorberileht ära.
e) Sega juurde petersell ja serveeri.

6. Salmon Crush Crunch

Valmistab: 2 portsjonit

KOOSTISOSAD:
- 1 tass keedetud kinoat või metsikut riisi
- 3 tl oliiviõli, jagatud
- 2 tassi beebispinatit
- 1 lõhefilee
- 1 tass tükeldatud brokkoli
- 1 tl linaseemneid või seesamiseemneid

JUHISED:
a) Hõõru lõhele 1 tl oliiviõli.
b) Kuumuta pann, lisa lõhe ja keera kuumus kõrgeks.
c) Küpseta 3 minutit, seejärel keera ümber ja küpseta veel 4 minutit või kuni see kahvliga kergelt helbeks läheb. Asetage kõrvale.
d) Kuumuta samal pannil keskmisel kuumusel ülejäänud 2 tl oliiviõli.
e) Lisa spinat ja spargelkapsas ning küpseta, kuni spinat närbub ja brokkoli on pehme.
f) Sega hulka kinoa või riis.
g) Lisa lina- või seesamiseemned.
h) Helvestage lõhe pannil kahvliga.
i) Sega kõik kokku ja serveeri.

7. Metsiku riisi – täidisega kapsarullid

TEENINDAMINE 6

1 suur peakapsas, eraldatud üksikuteks lehtedeks
1 suur kollane sibul, kooritud ja väikesteks kuubikuteks lõigatud
2 porgandit, kooritud ja peeneks viilutatud
2 sellerivart, väikesteks kuubikuteks
2 küüslauguküünt, kooritud ja hakitud
1 spl hakitud salvei
¼ tassi kuiva šerrit
3 tassi keedetud metsiku riisi segu
Sool ja värskelt jahvatatud must pipar maitse järgi
½ tassi köögiviljapuljongit või madala naatriumisisaldusega köögiviljapuljongit
2 tassi tomatikastet

1. Aja pott soolaga maitsestatud vesi keema. Blanšeeri kapsalehti 5–6 minutit keevas vees. Eemaldage need potist ja loputage kuni jahtumiseni. Kõrvale panema.
2. Asetage sibul, porgand ja seller suurde kastrulisse ning hautage keskmisel kuumusel 7–8 minutit. Lisa vett 1–2 supilusikatäit korraga, et köögiviljad pannile ei kleepuks. Lisa küüslauk ja salvei ning küpseta 3 minutit. Lisa šerri ja keeda, kuni vedelik on peaaegu aurustunud. Tõsta pann tulelt, lisa metsik riis ning maitsesta soola ja pipraga.
3. Kuumuta ahi temperatuurini 350 °F.
4. Asetage 2 kapsalehte kõrvuti ½-tollise ülekattega. Asetage ½ tassi riisitäidist lehtede keskele. Murra lehed külgedelt täidise peale, seejärel rulli silindriks. Asetage rull, õmblusega pool allapoole, 9 × 13-tollisse ahjuvormi. Korrake, kuni kogu täidis on kasutatud, jättes kõik allesjäänud lehed teiseks kasutamiseks. Lisa küpsetusnõusse köögiviljapuljong, kata alumiiniumfooliumiga ja küpseta 10 minutit. Ava roog ja vala kapsarullidele tomatikaste. Küpseta veel 15 minutit.

8. Metsiku riisi, kapsa ja kikerherne pilaf

TEENIB 4

½ tassi metsikut riisi
1 keskmine sibul, kooritud ja väikesteks kuubikuteks lõigatud
1 keskmine porgand, kooritud ja riivitud
1 väike punane paprika, seemnetest puhastatud ja väikesteks kuubikuteks lõigatud
3 küüslauguküünt, kooritud ja hakitud
1 spl riivitud ingverit
1½ tassi hakitud rohelist kapsast
1 tass keedetud kikerherneid
1 hunnik rohelist sibulat (valge ja roheline osa), õhukeselt viilutatud
3 supilusikatäit hakitud koriandrit
Sool ja värskelt jahvatatud must pipar maitse järgi

1. Lase 2 tassi vett suures kastrulis keema. Lisa riis ja lase vesi kõrgel kuumusel uuesti keema. Alandage kuumust keskmisele ja keetke riisi kaanega 55–60 minutit. Kurna liigne vesi ära ja pane kõrvale.

2. Kuumuta suur pann keskmisel kuumusel. Lisa sibul, porgand ja punane pipar ning prae köögivilju 10 minutit. Lisa vett 1–2 supilusikatäit korraga, et köögiviljad pannile ei kleepuks. Lisa küüslauk ja ingver ning küpseta veel minut. Lisa kapsas ja küpseta 10–12 minutit või kuni kapsas on pehme. Lisa kikerherned, roheline sibul ja koriander. Maitsesta soola ja pipraga ning kuumuta veel minut aega, et kikerherned kuumeneks. Tõsta tulelt, lisa keedetud metsik riis ja sega korralikult läbi.

9. Etioopia metsik riisipilaf

TEENIB 4

2 keskmist porrulauku (valged ja helerohelised osad), kuubikuteks lõigatud ja loputatud
2 küüslauguküünt, kooritud ja hakitud
¾ tl Berbere vürtsisegu või maitse järgi
4 tassi keedetud metsiku riisi segu
2 tassi keedetud adzuki ube või üks 15-untsine purk, nõrutatud ja loputatud
1 apelsini koor
Sool ja värskelt jahvatatud must pipar maitse järgi
4 rohelist sibulat (valge ja roheline osa), õhukeselt viilutatud

Aseta porru suurde kastrulisse ja prae keskmisel kuumusel 10 minutit. Lisa vett 1–2 spl kaupa, et porru ei jääks pannile kinni. Lisa küüslauk ja küpseta 2 minutit. Lisa berberi vürts ja küpseta 30 sekundit. Sega juurde riis, oad ja apelsinikoor ning maitsesta soola ja pipraga. Küpseta, kuni segu on läbi kuumenenud. Kaunista rohelise sibulaga.

10. Juustune kana ja brokoli riisi pajaroog

KOOSTISOSAD
- 1 (6 untsi) pakend pikateralise ja metsiku riisi segu
- 3 supilusikatäit soolata võid
- 3 küüslauguküünt, hakitud
- 1 sibul, tükeldatud
- 2 tassi cremini seeni, neljaks lõigatud
- 1 varsseller, tükeldatud
- ½ tl kuivatatud tüümiani
- 1 spl mannajahu
- ¼ tassi kuiva valget veini
- 1 ¼ tassi kanapuljongit
- Koššersool ja värskelt jahvatatud must pipar, maitse järgi
- 3 tassi brokkoli õisikuid
- ½ tassi hapukoort
- 2 tassi järelejäänud hakitud keedukana
- 1 tass purustatud vähendatud rasvasisaldusega cheddari juustu, jagatud
- 2 supilusikatäit hakitud värskeid peterselli lehti (valikuline)

JUHISED

a) Kuumuta ahi 375 kraadini F.

b) Keeda riisisegu vastavalt pakendi juhistele; kõrvale panema.

c) Sulata või suurel ahjukindlal pannil keskmisel-kõrgel kuumusel. Lisa küüslauk, sibul, seened ja seller ning küpseta aeg-ajalt segades, kuni see on pehme, 3–4 minutit. Segage tüümian ja küpseta, kuni see lõhnab, umbes 1 minut.

d) Vahusta jahu, kuni see on kergelt pruunistunud, umbes 1 minut. Vispelda vähehaaval juurde vein ja puljong. Küpseta pidevalt vispeldades, kuni see on veidi paksenenud, 2–3 minutit; maitsesta soola ja pipraga maitse järgi.

e) Segage brokkoli, hapukoor, kana, ½ tassi juustu ja riis. Kui paned pajaroa hilisemaks kasutamiseks sügavkülma, lõpetage siin ja jätkake sammuga 7. Muul juhul puista üle ülejäänud ½ tassi juustuga.

f) Tõsta pann ahju ja küpseta, kuni pajaroog on kihisev ja kuumenenud, 20–22 minutit. Serveeri kohe, soovi korral kaunista peterselliga.

g) Külmutage.

11. Cajun part metsiku riisiga

Valmistab: 1 portsjonit

KOOSTISOSAD:
2 vett, gallonit
¾ supilusikatäit küüslauku, granuleeritud
¾ teelusikatäit soola
¼ teelusikatäit Cayenne'i
¼ teelusikatäit salvei
½ supilusikatäit täispipart
¼ teelusikatäit sibulapulbrit
⅛ teelusikatäis Pipar, valge
⅛ teelusikatäis Gumbo viili
2½ tassi sellerit, tükeldatud
1½ tassi porgandit, tükeldatud
1 tass punast paprikat, tükeldatud
1 tass õli
ROUX
½ tassi jahu
¾ tassi kanasupipõhi
1 tass riis, valge, kuumtöötlemata
1 iga part
1½ supilusikatäit maitsesoola
VÜRTSISEGU
½ tl paprikat
¼ teelusikatäit küüslauku, granuleeritud
1 spl köömneid
3 loorberilehte
⅛ teelusikatäis tüümiani
⅛ teelusikatäis pipart, must
KÖÖGIVILJAD
2 tassi sibul, hakitud
1 tass rohelist paprikat, tükeldatud
CAJUN ROUX
1 tass jahu
¼ naela võid, soolamata
GUMBO

½ tassi Riis, metsik, kuumtöötlemata
kombineeri pardirasv ja seapekk

Visake pardi sisemused ära. Eelmisel päeval valmista puljong, lase kõik koostisained keema ja hauta 3 tundi. Kurna, pane varu ja hoia üleöö külmkapis. Eemaldage rasv varudest ja reserveerige Cajun roux jaoks. Kondista part ja lõika liha tükkideks. Sega vürtsisegu koostisosad ja tõsta kõrvale.
Lisage puljongile vett, et saada 1–¾ gallonit. Lisage puljongisse kõik peale 1 tassi köögiviljad ja laske keema tõusta. Valmistage Cajun roux, kuumutades koostisosi kuni maapähklivõi värvini. Lisage Cajun roux'le reserveeritud köögiviljad ja ½ T vürtsisegu. Lisa keevale puljongile Cajun roux ja ülejäänud vürtsisegu.
Lisa puljongile supipõhi ja metsik riis ning hauta 15 minutit. Lisa supile valge riis ja hauta 10 minutit. Kui riis on pooleldi valmis, lisage paksendav roux (kõigepealt ühendage ja kuumutage segunemiseni) ja küpseta 10 minutit. Eemaldage kuumusest ja visake loorberilehed ära. Lisage kaunistamiseks liha ja roheline sibul.

12. Metsiku riisi ja kana rattad

Valmistab: 6 portsjonit

KOOSTISOSAD:
- 4 tl oliiviõli, jagatud
- 2 tassi värsket beebispinatit, jämedalt hakitud
- 2 küüslauguküünt, hakitud
- 2 tassi keedetud metsikut ja pruuni riisi
- 1/4 tassi päikesekuivatatud tomateid, tükeldatud
- 1 tl värsket rosmariini, hakitud
- 1 tass hakitud monterey jacki juustu
- 1/4 tassi röstitud seedermänni pähkleid
- soola ja pipart maitse järgi
- 3 suurt kondita kanarinda, kärbitud ja 1/4-tollise paksusega lapikuks pekstud
- 2 tl võid

JUHISED:

a) Kuumuta ahi temperatuurini 350 F.

b) Lisage suurde kastrulisse 2 tl oliiviõli. Prae 2 hakitud küüslauguküünt ja 2 tassi hakitud spinatit umbes 2 minutit, kuni spinat on närbunud. Jahuta paar minutit.

c) Lisage 2 tassi keedetud metsikut ja pruuni riisi, 1/4 tassi tükeldatud päikesekuivatatud tomateid, 1 tl hakitud rosmariini, 1 tass riivitud Monterey Jacki juustu ja 1/4 tassi röstitud seedermänni pähkleid.

d) Maitsesta soola ja pipraga maitse järgi. Sega kõik koostisained omavahel.

e) Lõika 3 suurt kondita kanarinda 1/4 tolli paksuseks.

f) Aseta kanarinda keskele täidisega küngas. Rullige kana kokku, sulgege servad ja siduge need kinni hoidmiseks kööginööri või hambaorkidega.

g) Lisage suurde kastrulisse 2 tl võid ja 2 tl oliiviõli. Kuumuta keskmisel-kõrgel temperatuuril. Pruunista kanarullid igast küljest, umbes 2 minutit mõlemalt poolt.

h) Aseta kanarullid ahjuvormi ja vala peale kaste.

i) Küpseta kaaneta 45 minutit.

j) Viiluta kana 2 tolli paksusteks ratasteks.

13. Puuviljade ja pähklite riisi salat

Valmistab: 4 portsjonit

KOOSTISOSAD:
- 125-grammine pikatera ja metsiku riisi segu, keedetud
- 298 grammi mandariini apelsinitükke,
- 4 Diagonaalselt viilutatud talisibulat
- ½ rohelist pipart, seemnetest puhastatud ja viilutatud
- 50 grammi rosinaid
- 50 grammi india pähkleid
- 15 grammi purustatud mandleid
- 4 spl Apelsinimahla
- 1 spl valge veini äädikat
- 1 spl Õli
- 1 näputäis muskaatpähkel
- Sool ja värskelt jahvatatud must pipar

JUHISED:
a) Pane kõik salati koostisosad kaussi ja sega korralikult läbi.
b) Sega eraldi kausis kõik kastme ained omavahel.
   Vala kaste salatile, sega korralikult läbi ja tõsta serveerimisnõusse.

14. Puuviljadega valge ja metsiku riisi salat

Valmistab: 12 portsjonit

KOOSTISOSAD:
- 1½ tassi valget riisi, kuumtöötlemata
- 1⅓ tassi metsik riis, kuumtöötlemata
- 1 tass hakitud sellerit
- 1 tass rohelist sibulat, õhukeselt viilutatud
- ¾ tassi kuivatatud jõhvikaid
- ¾ tassi kuivatatud aprikoose, tükeldatud
- ¼ tassi kanapuljongit
- ¼ tassi punase veini äädikat
- ¼ tassi oliiviõli
- 2 tl Dijoni sinepit
- ½ teelusikatäit soola
- ½ tl pipart
- 1 tass pekanipähklit, röstitud ja tükeldatud

JUHISED:
a) Keeda riis eraldi vastavalt pakendil olevatele juhistele.
b) Nõruta metsik riis hästi. Kui see on jahtunud, segage sisse seller, roheline sibul, kuivatatud jõhvikad ja kuivatatud aprikoosid.
c) Katke ja jahutage.
d) Sega kastme koostisained kaanega purki ja raputa korralikult läbi. Pane külmkappi. Raputa kastet segamiseks. Vala peale riisisegu.
e) Lisa pekanipähklid ja viska kattele ning sega läbi.

15. Lihtne metsik riisipilaf

Valmistab: 3

KOOSTISOSAD:
- 3/4 tassi metsikut riisi
- 1 1/2 tassi köögiviljapuljongit
- 2 varssellerit, tükeldatud
- 1 väike porgand, tükeldatud
- 1/2 tl kuivatatud tüümiani
- 1 loorberileht

JUHISED:
a) Loputage riis peene sõelaga veega.
b) Viige riis teie valitud potti, olenevalt selle suurusest.
c) Katke ja kuumutage 2-3 minutit keskmisel kuumusel. Oodake riisi röstsaia saabumist. Segage sageli, et riis oleks ühtlaselt röstitud.
d) Lisa porgand, loorberileht, tüümian, seller ja köögiviljapuljong, kui riis lõhnab pähkliselt.
e) Katke pott ja laske keema tõusta. Alandage madalal kuumusel ja keetke riisi vähemalt 20-25 minutit.
f) Enne serveerimist laske riisil mõni minut seista.

16. Harvest cobb salat

Koostisained

Mooniseemnete kaste
- ¼ tassi 2% piima
- 3 supilusikatäit oliiviõli majoneesi
- 2 spl kreeka jogurtit
- 1 ½ supilusikatäit suhkrut või rohkem maitse järgi
- 1 spl õunasiidri äädikat
- 1 spl mooniseemneid
- 2 spl oliiviõli

Salat
- 16 untsi squash, lõigatud 1-tollisteks tükkideks
- 16 untsi rooskapsast, poolitatud
- 2 oksa värsket tüümiani
- 5 värsket salveilehte
- Koššersool ja värskelt jahvatatud must pipar, maitse järgi
- 4 keskmist muna
- 4 viilu peekonit, tükeldatud
- 8 tassi hakitud lehtkapsast
- 1⅓ tassi keedetud metsikut riisi

Juhised

a) KASTMEKS: vahusta väikeses kausis piim, majonees, jogurt, suhkur, äädikas ja mooniseemned. Katke ja hoidke külmkapis kuni 3 päeva.

b) Kuumuta ahi 400 kraadini F. Määrige küpsetusplaat kergelt õliga või katke nakkumatu pihustiga.

c) Asetage kõrvits ja rooskapsas ettevalmistatud ahjuplaadile. Lisage oliiviõli, tüümian ja salvei ning segage õrnalt. maitsesta soola ja pipraga. Laota ühtlase kihina ja küpseta, keerates üks kord, 25–30 minutit, kuni see on pehme; kõrvale panema.

d) Vahepeal asetage munad suurde kastrulisse ja katke 1 tolli võrra külma veega. Kuumuta keemiseni ja keeda 1 minut. Kata pott tihedalt suletava kaanega ja tõsta tulelt; lase seista 8 kuni 10 minutit. Nõruta korralikult ja lase enne koorimist ja viilutamist jahtuda.

e) Kuumuta suur pann keskmisel-kõrgel kuumusel. Lisa peekon ja küpseta pruuniks ja krõbedaks 6–8 minutit; tühjendage liigne rasv. Tõsta paberrätikuga vooderdatud taldrikule; kõrvale panema.

f) Salatite kokkupanemiseks asetage lehtkapsas toiduvalmistamise anumatesse; asetage peale rida kõrvitsat, rooskapsast, peekonit, muna ja metsikut riisi. Säilib kaetult külmkapis 3-4 päeva. Serveeri koos mooniseemnete kastmega.

17. Seene- ja metsriisikoor

Valmistamine: 1 portsjon

KOOSTISOSAD:
- 7 spl Võid (jagatud); (7/8 pulk)
- 4 spl universaalset jahu
- 1 tass kuuma piima; (koor või 2%)
- 2 tassi Köögiviljapuljong; (jagatud)
- ½ tassi viilutatud sibul; (jagatud)
- ½ tl paprikat
- ½ tl jahvatatud muskaatpähkel; (umbes) (jagatud)
- 3 tassi viilutatud seeni; (jagatud) (õhukeseks viilutatud)
- 1 loorberileht
- ¼ tassi hakitud sellerit
- 4 tervet nelki
- 1 tass kuumalt keedetud metsikut riisi; (järgige pakendi juhiseid)
- 1 spl hakitud petersell
- ¼ tassi kuiva valget veini
- Sool ja pipar; maitsta

JUHISED:

a) Sulata 4 spl võid suures kastrulis madalal kuumusel. Lisa jahu ja kuumuta pidevalt segades 3 minutit. Segage aeglaselt kuuma piima ja 1 tassi puljongiga. Keeda kastet tasasel tulel puulusikaga pidevalt segades ühtlaseks, umbes 15 minutit. Teises kastrulis sulatage 1 spl ülejäänud võid. Lisa ¼ tassi sibulat, paprikat ja ⅛ teelusikatäit muskaatpähklit ning küpseta 2 minutit. Lisa esimesele segule ja sega ühtlaseks.

b) Prae samal pannil 2 tassi viilutatud seeni ülejäänud 2 spl võis. Lisa loorberileht, ülejäänud ¼ tassi viilutatud sibulat, hakitud seller, nelk ja ülejäänud 1 tass puljongit. Katke ja küpseta keskmisel kuumusel 10 minutit.

c) Sega segu blenderis või köögikombainis ühtlaseks, umbes 1 minut.

d) Kurna nii seene/selleri segu läbi peene sõela kui ka jahu/piimasegu läbi kurna. Visake köögiviljatükid ära.

e) Pange mõlemad segud tagasi suurde kastrulisse ja segage. Keeda 5 minutit madalal kuumusel, segades, kuni segu on ühtlane.

f) Segage riis, ülejäänud 1 tass viilutatud seeni, petersell ja vein. Soovi korral lisa soola ja pipart. Eemalda loorberileht, puista soovi korral reserveeritud muskaatpähkliga ja serveeri. Valmistab: 6-7 portsjonit.

18. Riisi ja rohelise Tšiili pajaroog

Valmistab: 4-6 portsjonit

KOOSTISOSAD:
- 1 karp (6 untsi) pikateraline ja metsiku riisi segu
- 1 tass hapukoort
- 4 untsi purki tükeldatud rohelist tšillit, nõrutatud
- 1 tass riivitud Cheddari juustu
- 1 tass riivitud Monterey Jacki juustu

JUHISED:
a) Valmistage riis vastavalt pakendi juhistele.
b) Kuumuta ahi 350 kraadini.
c) Sega kausis kokku hapukoor ja rohelised tšillid. Laota pool keedetud riisist rasvaga määritud 8x8-tollise panni põhjale. Tõsta pool hapukooresegust riisi peale. Puista peale pool igast juustust.
d) Tõsta ülejäänud riis juustu peale. Määri ülejäänud hapukooresegu riisile ja puista peale ülejäänud juust.
e) Küpsetage ilma kaaneta 15–20 minutit või kuni kihisemiseni.

19. Metsik riis ja kana

Valmistab: 4 portsjonit

KOOSTISOSAD:
- 6,2 untsi pikateraline ja metsik riis koos maitseainetega
- 1 ½ tassi vett
- 4 kondita, nahata kanarinda
- ½ tl kuivatatud basiilikut
- ½ tl küüslaugupulbrit

JUHISED:
a) Kuumuta ahi 375 kraadini.
b) Sega kausis riis, maitseainepakk ja vesi.
c) Valage segu määritud 9x13-tollisse pannile.
d) Aseta kana riisisegu peale ning puista üle basiiliku ja küüslaugupulbriga.
e) Katke ja küpseta 1 tund.

20. Riisi, baklažaani ja feta fritüürid

Valmistab: 4 portsjonit

KOOSTISOSAD:
- ⅔ tassi keeva veega
- ⅓ tassi metsiku riisi segu
- Suur näputäis soola
- ¾ tassi oliiviõli
- 1 baklažaan, lõigatud väikesteks tükkideks
- 1 küüslauguküüs, purustatud
- ½ tassi kreeka stiilis naturaalset jogurtit
- 2 ½ supilusikatäit hakitud värsket pune
- 6 kuivatatud päikesekuivatatud tomatit õlis, tükeldatud
- 50 g fetat, tükeldatud
- ⅔ tassi tavalist jahu
- 3 muna, kergelt vahustatud
- Sool & jahvatatud must pipar

JUHISED:

a) Valage vesi, riis ja sool väikesesse kastrulisse ning laske keskmisel kuumusel keema tõusta. Alanda kuumust keskmiselt madalale, kata tihedalt suletava kaanega ja küpseta 15 minutit. Viige keedetud riis keskmisesse kaussi.

b) Samal ajal kuumutage suurel pannil keskmisel kuumusel 60 ml (¼ tassi) õli. Lisa baklažaan ja küpseta kaaneta sageli segades 20 minutit või kuni see on pehme. Lisa küüslauk ja kuumuta segades 1 minut. Tõsta tulelt ja jäta 5 minutiks kõrvale, et veidi jahtuda. Tõsta baklažaanisegu köögikombaini kaussi ja töötle jämedaks püreeks.

c) Segage jogurt ja 2 tl pune väikeses kausis. Katke ja asetage kõrvale.

d) Kasutage riisiterade eraldamiseks kahvlit. Lisa riisile baklažaanisegu, ülejäänud pune, päikesekuivatatud tomatid, feta, jahu, munad, sool ja pipar ning sega ettevaatlikult läbi, kuni need on lihtsalt segunenud.

e) Kuumuta 2 supilusikatäit ülejäänud õlist suurel mittenakkuval pannil keskmisel-kõrgel kuumusel. Tõsta pannile eraldi umbes 5 supilusikatäit segu ja kasuta lusika tagumist osa, et kumbki veidi lamendada. Küpseta 2 minutit mõlemalt poolt või kuni kuldpruunini.

f) Tõsta suurele taldrikule ja kata soojas hoidmiseks lõdvalt fooliumiga.

g) Korrake partiide kaupa ülejäänud õli ja riisi seguga. Serveeri kohe koos pune jogurtiga.

21. Tai salat tempeh'ga

KOOSTISOSAD:
- 22 untsi tempeh, kuubikuteks
- 6 1/2 untsi metsik riis, toores
- Kookosõli pihusti

KASTE:
- 4 spl maapähklivõid
- 4 spl sojakastet
- 4 spl kookossuhkrut
- 2 spl punast tšillikastet
- 2 tl riisiäädikat
- 2 spl ingverit
- 3 küüslauguküünt
- 6 spl vett

KAPSAS:
- 5 untsi lillat kapsast, raseeritud
- 1 laim, ainult mahl
- 2 tl agaavi
- 3 tl seesamiõli

GARNIS:
- Roheline sibul, hakitud

JUHISED:
a) Sega kõik vürtsika maapähklikastme koostisosad.
b) Lõika tempeh 1-tollisteks (2,5 cm) kuubikuteks.
c) Lisa tempehele kaste, sega läbi, kata kaanega ja marineeri külmikus 2-3 tundi või soovitavalt üleöö. Tempeh on tegelikult hea marinaadi maitsete imemiseks.
d) Kuumuta ahi temperatuurini 375 ° F / 190 ° C küpseta riis vastavalt pakendi JUHIStele:.
e) Tõsta tempeh kleepumatule lamedale pannile, piserda veidi kookosõliga ja küpseta ahjus 25-30 minutit. Säilitage serveerimiseks järelejäänud marinaad.
f) Sega kausis kõik kapsa komponendid ja tõsta kõrvale marinaadiks.

22. Kinoa täidetud squash

Valmistab: 1 portsjon

KOOSTISOSAD:
- 6 väikest tammetõru squash
- 6 tassi vett
- 1 tass keedetud metsikut riisi
- 1 tass kinoa, loputatud ja keedetud
- 2 tl Taimeõli
- 4 rohelist sibulat; hakitud
- ½ tassi hakitud sellerit
- 1 tl Kuivatatud salvei
- ½ tassi kuivatatud jõhvikaid
- ⅓ tassi kuivatatud aprikoosid; hakitud
- ⅓ hakitud pekanipähklid või kreeka pähklid
- ½ tassi värsket apelsinimahla
- Soola maitse järgi

JUHISED:
a) Laota kõrvitsapoolikud lõikepoolega küpsetusnõusse või praepannile. Küpseta kuni pehme, 25 kuni 30 minutit.
b) Kuumuta suurel sügaval pannil õli keskmisel kuumusel. Lisa roheline sibul, seller ja salvei. Lisa kuivatatud puuviljad ja pähklid ning kuumuta sageli segades läbi. Puhasta kahvliga kinoa ja metsik riis, seejärel lisa mõlemad pannile.
c) Lisa apelsinimahl ja sega läbi kuumenemiseni. Maitsesta soolaga.

23. Metsiku riisi ja seente risoto

KOOSTISOSAD:
- 1 tass metsikut riisi
- 4 tassi köögiviljapuljongit
- 1 sibul, tükeldatud
- 2 küüslauguküünt, hakitud
- 8 untsi seeni, viilutatud
- 1 spl oliiviõli
- 1 spl võid
- 1/2 tassi valget veini
- 1/2 tassi riivitud parmesani juustu
- Sool ja pipar maitse järgi
- Kaunistuseks hakitud värske petersell

JUHISED:
a) Loputage metsik riis põhjalikult ja nõrutage.
b) Kuumuta keskmises kastrulis köögiviljapuljong keemiseni. Lisa metsik riis ja alanda kuumus madalaks. Kata kastrul kaanega ja hauta riisi pehmeks, umbes 45 minutit.
c) Kuumuta suurel pannil keskmisel kuumusel oliiviõli ja või. Lisa sibul ja küüslauk ning prae, kuni sibul on läbipaistev, umbes 5 minutit.
d) Lisa pannile viilutatud seened ja prae, kuni need on pehmed ja pruunistunud, umbes 10 minutit.
e) Vala juurde valge vein ja sega korralikult läbi. Küpseta, kuni vein on aurustunud, umbes 5 minutit.
f) Lisa keedetud metsriis koos seentega pannile ja sega korralikult läbi.
g) Lisa riivitud Parmesani juust ja sega, kuni juust on sulanud ja segu kreemjas.
h) Maitsesta risoto maitse järgi soola ja pipraga.
i) Kaunista risoto hakitud värske peterselliga ja serveeri kuumalt. Nautige!

24. Metsiku riisi ja mikrorohelise salat

Valmistab: 4 portsjonit

KOOSTISOSAD:
- ½ tassi keedetud riisi
- ½ tassi pruuni pikateralist riisi
- ½ hakitud lamedate lehtedega peterselli
- ½ koriandri mikrorohelist
- ¼ hakitud piparmündilehti
- ½ hakitud sibulat
- ½ hakitud tilli
- 1 punane sibul
- 2 spl oliiviõli
- ¼ tassi blanšeeritud mandleid
- ¼ tassi kuldseid rosinaid, leotatud üleöö
- meresool, pipar maitse järgi

JUHISED:
a) Prae sibul oliiviõlis kuldpruuniks. Kühveldage see riisi segamise kaussi.
b) Rösti samal pannil mandlid ja rosinad ning kombineeri need riisikausis ülejäänud koostisosadega.
c) Lisa kõik ürdid ja riis ning maitsesta meresoola ja pipra ning sidrunipigistusega.

Valmistab: 4

KOOSTIS:
- 1 terve küüslaugu sibul
- oliiviõli
- 4 šalottsibulat, peeneks viilutatud
- 125 ml valget veini
- 300 g metsiku riisi segu
- 2 tüümianioksa, lehed korjatud
- 2 liitrit köögiviljapuljongit, kuumutatud
- 100 g arborio riisi
- 200g segaseeni, puhastatud ja viilutatud

JUHISED:

a) Kuumuta ahi temperatuurini 200C/ventilaator 180C/gaas 6. Kärbi küüslaugusibula ülaosa nii, et suurem osa küünest jääks paljaks.
b) Hõõru üle 1 tl õliga, maitsesta üle, mässi tihedalt fooliumisse ja pane lõikepool üleval küpsetusplaadile.
c) Rösti 30-40 minutit, kuni küüslauk on vajutades pehme.
d) Kuumuta pannil 1 tl õli ja prae šalottsibul pehmeks. Lisa vein ja hauta, kuni see on poole võrra vähenenud, seejärel sega juurde metsiku riisi segu ja pool tüümianist. Lisa puljong ⅓ kaupa, sageli segades.
e) Pärast 20 minuti möödumist ja umbes 2/3 puljongist on sisse segatud, lisage arborio ja küpseta veel 20 minutit või kuni riis on pehme. Lisage veidi vett, kui kogu puljong on imendunud, kuid riis pole keedetud.
f) Prae seeni 1 tl õlis 5-10 minutit, kuni need on kuldsed ja pehmed. Maitsesta ja lisa ülejäänud tüümianilehed.
g) Sega seened läbi risoto. Pigista küüslauguküüned nende kestadest välja ja sega serveerimiseks läbi.

25.Köögiviljasupp peterselli mikrohaljastega

Valmistab: 4-6 portsjonit

KOOSTISOSAD:
- 1 sibul, tükeldatud
- 1/2 tassi keedetud metsikut riisi
- 4 tassi pärmivaba köögiviljapuljongit
- 1 suvikõrvits, tükeldatud
- 1 varsseller
- 4 seemnetest puhastatud ja kuubikuteks lõigatud ploomtomatit
- 1/2 tassi külmutatud, hakitud spinatit
- Näputäis meresoola
- 1 spl oliiviõli
- 5 tervet pipratera
- peterselli mikrorohelised

JUHISED:
a) Prae sibul oliiviõlis pannil läbipaistvaks, seejärel tõsta kõrvale.
b) Kuumuta köögiviljapuljong madalal kuumusel.
c) Segage ülejäänud koostisosad, sealhulgas riis ja sibul, ning küpsetage kaaneta 30 minutit.
d) Eemaldage väikese lõhikuga lusikaga sellerivars ja pipraterad supi pealt ning visake need ära.
e) Kaunista peterselli mikrorohelistega ja serveeri idandatud teratortilladega.

26. Sidrunirooskapsa kausid kalkuni lihapallidega

Valmistab: 4

KOOSTISOSAD:
- ¾ tassi looduslikku riisi, loputatud
- 3 tassi vett
- Koššersool ja värskelt jahvatatud must pipar
- 1 nael jahvatatud kalkun
- ¼ tassi riivitud punast sibulat
- 3 küüslauguküünt, hakitud, jagatud
- 2 supilusikatäit peeneks hakitud värsket peterselli
- 6 untsi cremini seeni, poolitatud
- 2 spl avokaado- või ekstra neitsioliiviõli, jagatud
- ¾ naela rooskapsast, kärbitud ja peeneks hakitud
- 1 tl suitsupaprikat
- ½ sidruni koor ja mahl
- 1 suur peet, kooritud ja õhukesteks viiludeks
- 1 retsept Kerge ja kreemjas kits
- Juustukaste

JUHISED:
a) Kuumuta ahi temperatuurini 425 ° F.
b) Segage keskmises kastrulis riis, vesi ja näputäis soola. Kuumuta keemiseni. Alandage kuumust, et hoida tasasel tulel podiseda, katke kaanega ja küpseta, kuni terad on pehmed ja mõned on lõhkenud, 45–50 minutit.
c) Vajadusel tühjendage liigne vedelik. Vahepeal valmista röstitud köögiviljad ja kalkuniliha.
d) Lisage suurde kaussi kalkun, sibul, 2 küüslauguküünt, petersell ja ½ tl soola.
e) Sega kätega, kuni koostisained on ühtlaselt segunenud. Ärge pingutage lihaga üle.
f) Võtke välja umbes 1½ supilusikatäit segust ja rullige peopesade vahel palliks.
g) Asetage pärgamendiga vooderdatud küpsetusplaadi ühele küljele umbes 1 tolli vahe.
h) Sega seened 1 supilusikatäie õli, soola ja pipraga. Määri küpsetusplaadi teisele poolele. Rösti, kuni lihapallid on läbi küpsenud ja seened pruunistunud, umbes 15 minutit.
i) Kuumuta ülejäänud 1 spl õli suurel pannil keskmisel kuumusel. Lisa rooskapsas, ülejäänud 1 küüslauguküüs, paprika, sidrunikoor, sool ja pipar.
j) Sega õliga kattumiseks ja küpseta, kuni rooskapsas on krõbe ja pehme, umbes 5 minutit. Tõsta tulelt ja sega hulka sidrunimahl.
k) Serveerimiseks jaga metsik riis kausside vahel. Tõsta peale lihapallid, seened, rooskapsas ja peet. Nirista heleda ja kreemja kitsejuustukastmega.

27. Soe sügisene kana ja metsiku riisi kausid

KOOSTISOSAD:
- ¾ tassi looduslikku riisi, loputatud
- 3 tassi vett
- Koššersool ja värskelt jahvatatud must pipar
- 2 väikest kõrvitsat
- 1 nael rooskapsast, poolitatud
- 2 spl avokaado või ekstra neitsioliiviõli
- 1 nael kondita ja nahata kanarind
- 2-tolline tükk ingverit, õhukeselt viilutatud
- 2 tassi rukolat
- 1 retsept Vürtsikas vahtra Tahini kaste
- Röstitud kõrvitsaseemned
- Granaatõuna arilid

JUHISED:
a) Kuumuta ahi temperatuurini 425 ° F.
b) Segage keskmises kastrulis riis, vesi ja näputäis soola. Kuumuta keemiseni. Alandage kuumust, et hoida tasasel tulel podiseda, katke kaanega ja küpseta, kuni terad on pehmed ja mõned on lõhkenud, 45–50 minutit.
c) Vajadusel tühjendage liigne vedelik. Vahepeal valmista röstitud köögiviljad ja kana.
d) Lõika kõrvits pikuti pooleks. Koori seemned välja. Lõika risti ½ tolli paksusteks poolkuudeks. Viska kõrvits ja rooskapsas õliga üle ning maitsesta soola ja pipraga.
e) Laota ühe kihina ääristatud ahjuplaadile. Rösti 20–25 minutit pehmeks, segades rooskapsast ja keerates poole peal kõrvits ümber.
f) Vahepeal lisage kana ja ingver ühe kihina suurde kastrulisse ning katke 2 tolli võrra jaheda veega.
g) Kuumuta keemiseni, seejärel alanda kuumust ja hauta, kuni kana on läbi küpsenud, olenevalt paksusest 10–12 minutit. Tõsta kana lõikelauale või suurele taldrikule ja kasuta liha tükeldamiseks kahte kahvlit.
h) Serveerimiseks jaga riis kausside vahel. Kõige peale lisa hakitud kana, kõrvits, rooskapsas ja rukola. Nirista üle vürtsika vahtra Tahini kastmega ning kaunista kõrvitsaseemnete ja granaatõunaarillidega.

28. Rooskapsas valge veiniga

Valmistab: 8 portsjonit

KOOSTISOSAD
VAHTRAVIINIGRETT
- 7 spl vahtrasiirupit
- ½ tassi oliiviõli
- ¼ tassi Holland House orgaanilist valge veini äädikat
- ¼ tassi vett
- 2 spl värsket tüümiani
- näputäis soola + pipart
- 2 supilusikatäit mett sinepit

SALATI JAOKS
- 18 untsi raseeritud rooskapsas Vt märkust
- ½ tassi metsikut riisi kasutage mis tahes sorti, mis teile meeldib
- 3 supilusikatäit Hollandi maja valget kokaveini
- 2/3 tassi soolatud pepitasid
- 2/3 tassi kuivatatud jõhvikaid
- ½ tassi pekanipähklit, jämedalt hakitud
- 2/3 tassi hakitud parmesani juustu

JUHISED
VALMISTA RIIDE:
a) Eemaldage tüümianilehed vartelt nii hästi kui võimalik/ Lisage kõik kastme koostisosad köögikombaini või sukelblenderisse ja pulbige, kuni kõik on hästi segunenud ja kreemjas.
b) Kui teil pole kumbagi neist seadmetest, hakkige tüümian käsitsi peeneks, seejärel lisage see ja ülejäänud koostisosad purki. Kui kaas on tihedalt suletud, loksutage korralikult, kuni kõik on ühendatud.

KEEDATA METSIKKU RIISI:

c) Keeda metsik riis vastavalt pakendi juhistele, asendades 1/3 Holland House White Cooking Wine'i jaoks märgitud keeduvee kogusest. Minu puhul vajasin 10 supilusikatäit vett, seega kasutasin umbes 3 supilusikatäit valget toiduvalmistamisveini ja 7 supilusikatäit vett.

KOKKU SALAT:

d) Lisage rooskapsas oma salatikaussi ja seejärel lisage ülejäänud koostisosad.

e) Serveerimiseks valage kastmega üle.

29. Metsik riis kinoaga

Saagis: 3 portsjonit

Koostis:
- 2½ tassi vett
- 1 tl Sojakastet
- ½ tassi metsikut riisi, pestud ja leotatud
- ½ tassi kinoat

Juhised:

a) Sega potis vesi ja sojakaste ning kuumuta keskmisel kuumusel keema. Lisa metsik riis ja kata kaanega, vähenda kuumust ja hauta 30 minutit.

b) Lisa kinoa, kata kaanega ja hauta veel 20 minutit või kuni vesi on täielikult imendunud.

c) Eemaldage kuumusest ja laske kaane all 5 minutit aurutada. Kohev kahvliga.

30. Metsiku riisi supp

- 3 kartulit või 1 tass kuivatatud kartulit
- 3 tk Knorri porrusupp
- 1 tass keetmata metsikut riisi
- 1 tükk cheddari juustu
- 1 tass piimapulbrit
- soola ja pipart maitse järgi

a) Lahustage metsikut riisi kogu päeva lukuga kotis (või küpseta seda pikka aega). Vajadusel segage kartulid uuesti või lõigake värsked kartulid väikesteks tükkideks. Aseta kartulid vette oma suurimasse potti ja hauta pehmeks. Lisa potti porrusupp, vesi ja piimapulber (umbes 3-4 tassi vett). Kuumuta pehmeks keema. Lisa metsik riis, sool ja pipar ning väikesed juustuviilud. Vajadusel lisa veel vett.
b) Küpseta, kuni juust on sulanud, kartul ja riis pehmed ning supi paksus on soovitud. Küpseta 45-60 minutit. Teenib 8 näljast telkijat.
c) Knorr Leek supp ja vesi kokku, segage see jaheda veega ja soovitavalt enne suurde potti lisamist. Kuum kartuli/vee segu muudab porrusupisegu tükiliseks. Tavaliselt kasutan selle supi jaoks ühe põletiga gaasipliiti, et saaksite leeki reguleerida.
d) Olge ettevaatlik, et supp ära ei kõrbeks. Lisage KÕIK juustujäägid, mis teil toidupakis on.
e) Pigista sisse veidi margariini, kui sul on veidi üle.

31. Metsik riis, brokkoli ja tomati salat

Portsjonid: 2

KOOSTISOSAD:
- Oliivi-/avokaado/linaõli
- 2 paprikat, viilutatud
- Peotäis oabõrseid
- 4 brokoli õisikut
- 1 laim
- 2 portsjonit metsikut riisi
- Peotäis kapsast
- 6 minitomatit, poolitatud

JUHISED:
a) Keeda metsik riis vastavalt pakendi juhistele ning keeda brokoli ja kapsas kergelt läbi.
b) Serveeri tomatid ja pipar riisi peale koos brokoli ja oavõrsega.
c) Serveeri tilga oliiviõli või sidruni/laimi mahlaga.
d) Tükeldatud spinatilehtedega.

32. Läätsepilaf

Portsjonid: 4 kuni 6 portsjonit

Koostisained
- 2 spl külmpressitud oliiviõli
- 1 kollane sibul, tükeldatud
- 1 porgand, riivitud
- 2 küüslauguküünt, hakitud
- 2 tassi pärmivaba köögiviljapuljongit
- 1 tass metsikut riisi
- 1/2 tassi pruunid läätsed, loputatud
- 1 tl sidrunimahla
- 1 sellerivars, pikuti poolitatud
- 1 spl petersell, hakitud
- Meresool ja pipar maitse järgi

JUHISED
a) Kuumuta oliiviõli keskmisel kuumusel ja prae selles sibul, küüslauk ja porgand.
b) Sega suures potis köögiviljapuljong, praetud köögiviljad, riis, läätsed ja ülejäänud koostisosad, sega ühtlaseks ja kuumuta keemiseni.
c) Segage ja laske mõõdukal tulel podiseda kaaneta 45 minutit. Selleri varred tuleks eemaldada ja ära visata.
d) Soola ja pipart maitse järgi, seejärel viska nii palju vett, et pilaf püsiks niiske.

33.Aluseline kanasupp endiiviaga

Portsjonid: 6 portsjonit

KOOSTISAINED
- 1 sibul, peeneks hakitud
- 2 küüslauguküünt, pressitud
- 2 spl võid
- 1 tass metsikut riisi
- 2 keedetud kanarinda, tükeldatud
- 4 tassi pärmivaba köögiviljapuljongit
- 2 tassi vett
- 1 sellerivars, peeneks hakitud
- 1/2 supilusikatäit tüümiani
- 1/2 tl meresoola
- 3 loorberilehte
- Natuke pipart
- 1/2 tassi hakitud endiivia
- 2 spl speltajahu

JUHISED
a) Valmista metsik riis vastavalt pakendil olevale juhisele ja tõsta kõrvale.
b) Prae sibulat ja küüslauku väikeses potis madalal kuumusel võis, kuni sibul on läbipaistev.
c) Sega suures kastrulis keskmisel ja madalal kuumusel kana, köögiviljapuljong, vesi, seller ja maitseained. Lisa metsik riis ning praetud küüslauk ja sibul. Keeda 20 minutit madalal kuumusel.
d) Segage endiivia ja hautage veel 5 minutit või kuni närbumiseni.
e) Sega hulka speltajahu ja keeda tasasel tulel pidevalt segades 2 minutit.
f) Võtke loorberilehed välja ja visake need ära, seejärel serveerige oma suppi!

34. Avokaado -basiiliku kurgisupp

Valmistab: 2

KOOSTISOSAD:
- 1 terve inglise kurk
- 10 piparmündi lehte
- 1½ supilusikatäit peterselli
- 1 vars talisibul
- ½ avokaadot
- ¼ tassi vett - filtreeritakse
- soola maitse järgi

TÄIDISED
- ¼ tassi tavalist vegan jogurtit
- ¼ tassi kollaseid kirsstomateid - poolitatud
- 2 supilusikatäit mahedat segu mikrorohelist
- 1 tl superseemnesegu – sisaldab chiat, kanepit, lina, tatart, metsikut riisi
- 5 suhkruhernest - blanšeeritud ja poolitatud

JUHISED:
- Supi valmistamiseks sega kõik koostisosad võimsas blenderis ja blenderda ühtlaseks massiks.
- Hoia kuni serveerimiseni külmkapis õhukindlas anumas.
- Enne serveerimist ja kaunistamist segage suppi korralikult läbi.
- Lisa tilk vegan maitsestamata jogurtit ja keeruta seda lusikaga ringi.
- Asetage tomatid, mikrorohelised ja blanšeeritud herned serveerimisnõusse.
- Lisa krõmpsumiseks puista peale superseemnesegu.

35. Metsiku riisiga kaetud läätsede lambakoerapirukas

Teeb 4 portsjonit

- 2 tassi vett
- soola
- 1 tass metsikut riisi
- 1 spl toitainepärmi
- 1 spl vegan margariini
- 1 spl oliiviõli
- 1 keskmine kollane sibul, hakitud
- 2 küüslauguküünt, hakitud
- 1 keskmine punane paprika, tükeldatud
- 2 keskmist porgandit, tükeldatud
- 1 purk (14,5 untsi) tükeldatud tomatit, nõrutatud ja peeneks hakitud
- 1 tass hakitud valgeid seeni
- 1 tass värskeid või külmutatud maisiterad
- 1 tass külmutatud herneid
- 1 tass köögiviljapuljongit
- 1 tl kuivatatud tüümiani
- 1 tl kuivatatud majoraani
- Värskelt jahvatatud must pipar
- 1/2 tl magusat või suitsupaprikat

Kuumuta ahi temperatuurini 350 °F. Kergelt 3-liitrine pajaroog ja tõsta kõrvale. Lase suures kastrulis vesi keema. Soola vesi, lisa metsik riis, kata kaanega ja alanda kuumus madalaks. Hauta, kuni metsriis on keedetud, umbes 30 minutit. Sega juurde toitev pärm ja margariin ning tõsta kõrvale.

Eraldi suures kastrulis kuumutage õli keskmisel kuumusel. Lisa sibul, küüslauk, paprika ja porgand. Katke ja küpseta, kuni see on pehmenenud, umbes 10 minutit. Lisa tomatid, läätsed, seened, mais, herned, puljong, tüümian, majoraan ning maitse järgi soola ja musta pipart. Katke kaanega ja hautage, kuni läätsed on pehmed ja segu paksenenud, umbes 40 minutit, lisades veidi vett, kui segu muutub liiga paksuks.

Aseta läätsesegu ettevalmistatud pajarooga, lusikaga peale keedetud metsikut riisi ja määri see ühtlaselt läätsesegu peale. Puista peale paprika. Küpseta kuni kuumaks, umbes 30 minutit. Serveeri kohe.

36. Metsiku riisi, mangoldi ja valge oa pajaroog

Teeb 4 kuni 6 portsjonit

2¾ tassi vett
1 tass metsikut riisi
soola
1 spl oliiviõli
1 keskmine kollane sibul, hakitud
1 keskmine punane paprika, tükeldatud
2 küüslauguküünt, hakitud
4 tassi tükeldatud varrega Šveitsi mangoldi
Sool ja värskelt jahvatatud must pipar
1 1/2 tassi keedetud või 1 (15,5 untsi) purk põhja ube, nõrutatud ja loputatud
1 tass küpseid kirsstomateid, neljaks lõigatud
2 spl värsket sidrunimahla
1/4 tassi toitepärmi (valikuline)
2 spl hakitud värsket tillirohtu
2 spl hakitud värsket peterselli
1/3 tassi kuiva maitsestamata leivapuru

Lase vesi suures kastrulis kõrgel kuumusel keema. Lisa metsik riis ja 1/2 tl soola ning tõsta keema. Alandage kuumust madalaks, katke kaanega ja hautage 30–40 minutit pehmeks. Kõrvale panema.

Kuumuta ahi temperatuurini 350 °F. Määri 2-liitrine pajaroog kergelt õliga ja tõsta kõrvale. Kuumuta suurel pannil õli keskmisel kuumusel. Lisage sibul ja paprika, katke kaanega ja küpseta, kuni need on pehmenenud, 7 minutit. Lisa küüslauk ja mangold ning maitsesta soola ja musta pipraga. Kata kaanega ja küpseta aeg-ajalt segades, kuni mangold on närbunud, umbes 5 minutit. Segage mangoldi segu keedetud metsiku riisi hulka koos ubade, tomatite, sidrunimahla, pärmi, tilli ja peterselliga.

Tõsta segu ettevalmistatud pajarooga ja puista ühtlaselt riivsaiaga. Küpseta kaaneta, kuni pealt on kuldpruun, 20–25 minutit. Serveeri kohe.

37. Puuviljadega kaetud metsiku riisiga täidetud tammetõrukõrvits

Teeb 4 portsjonit

- 4 väikest tammetõrukõrvitsat
- soola
- 2 spl oliiviõli
- 5 rohelist sibulat, hakitud
- 1 keskmine porgand, riivitud
- 2 tl riivitud värsket ingverit
- 1 tass metsikut riisi
- 2 tassi köögiviljapuljongit
- 1 (8 untsi) purk purustatud ananassi, hästi nõrutatud
- 2 spl kuldseid rosinaid
- 1/2 tl kuivatatud majoraani
- Värskelt jahvatatud must pipar

Lõika iga kõrvitsa põhjast väike viil, et need püsti seisaksid. Lõika iga kõrvitsa ülaosa ära, jättes pealsed kaantena kasutamiseks. Koorige seemned ja viljaliha välja ning visake ära. Maitsesta kõrvitsaaugud soolaga ja tõsta kõrvale.

Kuumuta ahi temperatuurini 350 °F. Õlita kergelt 10-tolline kandiline küpsetuspann ja tõsta kõrvale. Kuumuta suures potis õli keskmisel kuumusel. Lisage roheline sibul, porgand ja ingver ning küpseta, kuni see lõhnab, umbes 1 minut. Lisa metsik riis, puljong ja umbes 1/2 tl soola. Alandage kuumust madalaks, katke kaanega ja hautage, kuni metsriis on pehme, umbes 30 minutit.

Lisage keedetud metsriisile ananass, rosinad, majoraan ning maitse järgi soola ja pipart, segage hästi. Tõsta Metsiku riisi segu lusikaga kõrvitsaõõnsustesse, pakkides tihedalt kokku. Tõsta kõrvitsate pealsed tagasi ja laota need ettevalmistatud pannile. Valage pannile umbes 1/2 tolli kuuma vett. Kata tihedalt fooliumiga. Küpseta, kuni kõrvitsad on pehmed, kuid ei vaju kokku, umbes 45 minutit. Serveeri kohe.

38. Metsiku riisiga täidetud paprika kressi ja apelsiniga

Teeb 4 portsjonit

- 3 tassi vett
- 1 tass metsikut riisi
- soola
- 4 keskmist punast või kollast paprikat
- 1 spl oliiviõli
- 1 keskmine punane sibul, hakitud
- 2 tassi jämedalt hakitud varrega kressi
- 1/2 tl jahvatatud koriandrit
- Värskelt jahvatatud must pipar
- 1 magus seemneteta apelsin, kooritud ja tükeldatud
- 1 tass värsket apelsinimahla

a) Kuumuta suures kastrulis 2 tassi vett kõrgel kuumusel keema. Sega juurde metsik riis ja soola vesi.
b) Kata kaanega, alanda kuumust ja hauta pehmeks, umbes 35 minutit. Kõrvale panema.
c) Kuumuta ahi temperatuurini 375 ° F. Määri 9 x 13-tolline küpsetuspann kergelt õliga ja tõsta kõrvale.
d) Lõika paprika pikuti pooleks ning eemalda seemned ja membraanid. Keeda paprikat potis keevas vees 3–4 minutit, et see kergelt pehmeneks. Nõruta ja tõsta kõrvale.
e) Kuumuta suurel pannil õli keskmisel kuumusel. Lisage sibul, katke ja küpseta, kuni see on pehmenenud, umbes 5 minutit. Lisa kress ja küpseta, kuni see on närbunud, umbes 3 minutit.
f) Sega juurde koriander ning maitsesta soola ja musta pipraga. Kõrvale panema.
g) Lisa keedetud metsriis ja apelsinitükid vesikressi segule ning sega ühtlaseks. Maitse, vajadusel maitsesta
h) Täitke paprikad tihedalt täidisega (umbes 1/2–1 tassi iga, olenevalt paprika suurusest) ja asetage need ettevalmistatud ahjupannile.
i) Vala apelsinimahl ahjuvormi põhja ja kata fooliumiga. Küpseta, kuni paprika on pehme, umbes 30 minutit.
j) Serveeri kohe.

39. Röstitud lillkapsa ja šalottsibul koos Metsik riis

Teeb 4 portsjonit

- 1 tass metsikut riisi
- 3 tassi köögiviljapuljongit
- 3 tassi väikeseid lillkapsa õisikuid
- 3 keskmist šalottsibulat, neljaks lõigatud
- 2 spl oliiviõli
- Sool ja värskelt jahvatatud must pipar

a) Kuumuta keskmises kastrulis metsriis ja puljong keemiseni.
b) Kata tihedalt suletava kaanega ja keeda, kuni puljong on imendunud, umbes 40 minutit.
c) Sega hulka herned ja tõsta kõrvale, kaetuna ja hoia soojas.
d) Kuumuta ahi temperatuurini 425 ° F.
e) Määri 9 x 13-tolline küpsetuspann kergelt õliga ja tõsta kõrvale.
f) Laota lillkapsas ja šalottsibul ettevalmistatud ahjupannile ning nirista peale õli. Maitsesta soola ja pipraga ning rösti pehmeks ja kergelt pruuniks, keerake üks kord, umbes 20 minutit.
g) Segage suures serveerimiskausis röstitud lillkapsas ja šalottsibul keedetud metsriisi ja hernestega. Segamiseks segage õrnalt. Serveeri kohe.

40. Metsik riis Ja kana-kreeka salat

Valmistab: umbes 4 portsjonit

KOOSTISOSAD
SALATI JAOKS
- 2 supilusikatäit (30 ml) taime- või oliiviõli 1/2 tassi (80 g) väga peeneks hakitud sibulat
- 1 punane paprika, südamikust puhastatud, seemnetest puhastatud ja väga peeneks hakitud
- 1 tass (175 g) metsikut riisi, hästi loputatud ja nõrutatud 1/2 tl košer- või peent meresoola
- 1/2 tl värskelt jahvatatud musta pipart 1 tl kuivatatud pune 1 tassi (235 ml) vett
- 3/4 tassi (180 ml) kanapuljongit või vett
- 1 1/2 tassi (60 g) beebispinati lehti, väga hästi loputatud, kuivaks raputatud
- 1 väike kurk, kooritud ja peeneks hakitud
- 1/3 tassi (35 g) hakitud oliive, eelistatavalt Kalamata
- 1/3 tassi (50 g) neljaks lõigatud kirsstomateid
- 1/2 väikest punast sibulat, väga õhukesteks viiludeks
- 1 1/2 tassi (210 g) toatemperatuuril väikesteks kuubikuteks lõigatud või hakitud keedetud kana

RIIDEMISEKS

- 1/3 tassi (80 ml) ekstra neitsioliiviõli
- 2 supilusikatäit (30 ml) värskelt pressitud sidrunimahla
- 1–2 supilusikatäit (15–30 ml) punase veini äädikat, maitse järgi
- 1/2 tl košer- või peent meresoola
- 1/4 tl värskelt jahvatatud musta pipart

KAITSEKS

- 2 supilusikatäit (6 g) peeneks hakitud värsket peterselli
- 1/4 tassi (38 g) purustatud fetajuustu (valikuline)

a) Press Sauté ja kuumuta taimeõli elektrilise kiirkeedupoti sisemises potis.
b) Kui see sädeleb, lisa hakitud sibul ja paprika ning kuumuta segades 4 minutit või kuni sibul on veidi pehmenenud.
c) Lisa metsik riis. Puista peale soola, pipart ja pune, seejärel vala vesi ja puljong ning sega, et midagi poleks poti põhja külge kinni jäänud. Vajutage Tühista.
d) Sulgege ja lukustage kaas, veendudes, et auruvabastuskäepide on tihendusasendis. Küpseta kõrgel rõhul 9 minutit. Kui see on lõppenud, vabastage rõhk loomulikult 8 minutiks, seejärel keerake auruvabastuskäepide õhutusasendisse, vabastades kogu järelejäänud auru. Avage kaas ja avage see ettevaatlikult.
e) Eemaldage kaas, riisuge terad kahvliga ja tõstke suurde kaussi.
f) Lisage kaussi spinat, segage see metsiku riisi hulka ja laske aurul rohelisi närbutada. Tõsta kõrvale toatemperatuurini jahtuma, aeg-ajalt kahvlitega loopides, et metsriis ei kleepuks kokku.
g) Jahtunult sega juurde kurk, oliivid, tomatid, punane sibul ja kana.

41. Oad , metsik riisipäts maguskartuli ja seentega

Valmistab: 1 päts

JUHISED:
- 1 tass hakitud seeni
- 1 supilusikatäis õli
- 1 tass kuubikuteks lõigatud maguskartulit
- Vajadusel vett
- ½ tassi siidist tofut
- 2 supilusikatäit salsat (valikuline)
- 2 supilusikatäit kartulitärklist
- Üks 15-untsine purk punaseid ube, nõrutatud ja loputatud
- ½ tassi keedetud metsikut riisi
- 1 tass rukkileiba, lõigatud väikesteks kuubikuteks
- ½ tassi sulatatud külmutatud maisi või maisitõlvikust värskelt kraabitud
- 1 tl hakitud rosmariini
- ½ tl soola
- ½ tassi röstitud, peeneks hakitud pähkleid, mis tahes sorti (valikuline)

JUHISED:
a) Kuumuta raske pann keskmisel-kõrgel kuumusel. Lisa seened ja prae kuivalt, kuni need vabastavad mahla. Vähendage kuumust.
b) Lisa õli ja bataat, kata ja küpseta, kuni bataat on pehme.
c) Vajadusel lisage veidi vett, et kartul ei kleepuks. Kui kartulid ja seened on valmis, eemaldage umbes ½ tassi ja segage tofu, salsa ja kartulitärklisega. Sega hästi. Kõrvale panema.
d) Kuumuta ahi 350 kraadini. Vooderda ahjuvorm küpsetuspaberiga. Segage suures segamiskausis punased oad, metsik riis ja rukkileib ning püreestage kuni segunemiseni.
e) Segage tofu segu, mais, rosmariin, sool ja pähklid.
f) Sega hästi. Laota pool sellest segust leivavormi.
g) Aseta kihi peale ülejäänud seenetoad ja bataadid ning seejärel laota peale ülejäänud oad ja metsiku riisi segu. Patsutage. Küpseta 45 minutit.
h) Eemaldage ahjust ja pöörake jahutusrestile jahtuma.

42. Kurkumis röstitud köögiviljakausid

Valmistab: 4

KOOSTISOSAD:
- ½ pea keskmist lillkapsast, lõigatud õisikuteks
- ½ naela porgandit, eemaldatud lehtedega pealsed
- 4 keskmist peeti, lõigatud, kooritud ja kuubikuteks lõigatud
- 4 spl avokaado- või ekstra neitsioliiviõli, jagatud
- 1 tl jahvatatud kurkumit
- 1 tl jahvatatud köömneid
- Koššersool ja värskelt jahvatatud must pipar
- ¾ tassi metsikut riisi
- 1¾ tassi vett, jagatud
- 4 pakitud tassi hakitud lehtkapsast
- ⅛ teelusikatäit punase pipra helbeid
- 4 pošeeritud muna
- 8 redist, kärbitud ja neljaks lõigatud
- 2 talisibulat, ainult rohelised osad, õhukesteks viiludeks
- 1 retsept Cilantro Jogurt Kaste
- Brokkoli, ristik või lutserni idud

JUHISED:
a) Kuumuta ahi 400 °F-ni.
b) Viska lillkapsas, porgand ja peet 2 supilusikatäie õli, kurkumi, köömne, soola ja pipraga.
c) Laota köögiviljad ääristatud ahjuplaadile ühtlase kihina. Rösti, kuni see on pehme ja servadest pruunistunud, umbes 20 minutit, poole peal segades.
d) Samal ajal kuumutage keskmises kastrulis 1 spl õli. Lisage metsik riis, segage katteks ja röstige 4–5 minutit kuldpruuniks. Valage 1½ tassi vett ja näputäis soola. Vesi hakkab alguses mullitama ja pritsima, kuid settib kiiresti.
e) Kuumuta keemiseni, seejärel alanda kuumust, kata kaanega ja hauta pehmeks, umbes 15 minutit. Tõsta tulelt ja auruta potis 5 minutit.
f) Kuumuta ülejäänud 1 spl õli suurel pannil keskmisel kuumusel.
g) Lisa lehtkapsas, sool ja punase pipra helbed.
h) Küpseta aeg-ajalt segades, kuni see on lihtsalt närbunud. Valage ülejäänud ¼ tassi vett ja küpseta, kuni rohelised on pehmed ja vedelik imendunud, umbes 5 minutit.
i) Serveerimiseks jaga metsik riis kausside vahel. Kõige peale pane röstitud juurviljad, lehtkapsas, pošeeritud muna, redis ja talisibul.
j) Nirista peale Cilantro Jogurt Kaste ja kaunista idanditega.

43.   Tai kinoa salat

Valmistab: 3

KOOSTISOSAD:
- 2 tassi keetmata kinoat või metsikut riisi
- 2 kollast sibulat, viilutatud
- 2 tassi vett
- Koriandri lehed
- 2 spl laimimahla
- 3 supilusikatäit rohelisi herneid
- ⅓ kurk, tükeldatud
- ¼ lillat kapsast
- 2 supilusikatäit maapähkleid, kaunistamiseks
- Soola maitse järgi
- 1 porgand, peeneks riivitud

JUHISED:
a) Valage vesi kiirpotti ja lisage sinna metsik riis
b) Lisage veidi soola ja laimimahla ning katke kiirpott
c) Seadke oma kiirpott sulgemisasendisse
d) Keeda kinoat järgmised 7 minutit
e) Ava oma kiirpott ja eemalda metsik riis
f) Aseta pannile nõrguma
g) Seadke kiirpott segades praadima ja lisage kookosõli
h) Valage metsik riis õlisse ja segage
i) Lisa veel salatit segades kapsas, porgand, kurk ja kollane sibul
j) Lisa rohelised herned.
k) Serveerimisel kaunista maapähklitega

44.   Metsiku riisi idud salat

KOOSTISOSAD
- ⅓ tassi metsiku riisi idud
- ½ tassi keedetud maapähkleid / konserveeritud kikerherneid
- 1 roheline tšilli
- 1 tl riivitud ingverit
- 1 spl hakitud sibulat
- 1,5 spl hakitud tomatit
- 3 supilusikatäit hakitud paprikat
- ½ tassi hakitud porgandit
- Sidrunimahl
- 1 spl hakitud koriandrit
- ¼ teelusikatäit musta soola
- ½ tl maitsestatud soola

JUHISED
g) Lisa segamisnõusse keedetud ja jahutatud maapähkel.
h) Lisage ülejäänud ettevalmistatud köögiviljad.
i) Lisa sool, koriandrilehed ja pigista peale värske sidrunimahl.
j) Lõpuks lisa kõik metsiku riisi idude segu ja serveeri kohe.

45. Pumpkin Wild Rice pilaf

Koostisained

- 1 tass kiirküpsetatavat metsikut riisi
- 1 tass suhkrukõrvitsat, lõigatud 1/2-tollisteks tükkideks
- 1 tass portobello seeni, hakitud
- 1 keskmine sibul
- 2 tassi kanapuljongit
- 3 hakitud küüslauguküünt
- 1 supilusikatäit oliiviõli
- 1/2 tl kurkumit
- 1/4 tl suitsutatud paprikat
- parmesani juust
- soola ja pipart maitse järgi

Juhised

a) Lisa suurele pannile oliiviõli ja sibul. Prae 5-7 minutit madalal kuumusel, kuni see on kergelt pruunistunud ja karamelliseerunud

b) Ja kõrvits, seened, suitsupaprika ja küüslauk. Jätka praadimist 5 minutit, kuni seened on pehmenenud.

c) Lisa metsik riis, salvei ja 2 tassi kanapuljongit (vegan puljong). Hauta keskmisel madalal kuumusel 15 minutit, kuni vedelik on metsriisist läbi imbunud. Lülitage välja ja katke kaanega. Lase veel 10 minutit aurutada.

d) Maitsesta soola ja pipraga maitse järgi. Puhasta kahvliga kohevaks, tõsta peale parmesani juustu ja veel salvei .

46. Butternut squash ja lehtkapsa kausid

Valmistab: 4

KOOSTISOSAD:
- ½ tassi metsikut riisi
- 1¼ tassi vett
- Koššersool ja värskelt jahvatatud must pipar
- 1 väike kõrvits, kooritud ja viilutatud
- 1 nael kärbitud ja poolitatud rooskapsast
- 2 supilusikatäit avokaado-, kookos- või ekstra neitsioliiviõli
- 3 tassi aurutatud lehtkapsast
- 1 tass hakitud radicchio
- 1 kõva õun, südamikust puhastatud ja kuubikuteks lõigatud
- Krõbedad kikerherned
- 1 retsept Vürtsikas vahtra Tahini kaste

JUHISED:
a) Kuumuta ahi temperatuurini 425 ° F.
b) Lisage metsik riis, vesi ja näputäis soola keskmisesse kastrulisse. Kuumuta keemiseni, seejärel alanda kuumust, kata kaanega ja keeda, kuni metsriis on kergelt närides pehme, umbes 30 minutit.
c) Vahepeal raputa squash ja rooskapsas õli, soola ja pipraga üle. Laota ühe kihina ääristatud ahjuplaadile. Röstige umbes 20 minutit, kuni kõrvits on pehme ja rooskapsas pruunistunud ja krõbedaks muutunud, segades üks kord poole peal.
d) Serveerimiseks jaga lehtkapsas kaussidesse. Kõige peale lisa squash, rooskapsas, metsik riis, radicchio ja õun. Puista peale krõbedad kikerherned ja nirista peale vürtsikas vahtratahini kaste.

47. Magusad tsitrusviljade ja lõhe kausikesed

Valmistab: 4

KOOSTISOSAD:
- Mahl 1 nabaapelsinist
- 3 spl riisi-äädikat
- 2 tl röstitud seesamiõli
- 2 teelusikatäit mett
- Kosher meresool ja värskelt jahvatatud must pipar
- 1 tass metsikut riisi
- 2½ tassi vett
- 4 lõhefileed
- 2 spl avokaado- või ekstra neitsioliiviõli, jagatud
- 1 nael kärbitud ja poolitatud rooskapsast
- ½ keskmise peaga radicchio, peeneks hakitud
- 1 apteegitilli sibul, lõigatud ja õhukesteks viiludeks
- 2 apelsini, kooritud ja segmenteeritud, eelistatavalt Cara Cara või veri
- apelsinid
- 4 talisibulat, ainult roheline osa, õhukesteks viiludeks
- Röstitud pistaatsiapähklid, tükeldatud

JUHISED:

a) Sega väikeses kausis kokku apelsinimahl, äädikas, seesamiõli, mesi ning näpuotsaga soola ja pipart; kõrvale panema.

b) Lisage metsik riis, vesi ja näputäis soola keskmisesse kastrulisse. Kuumuta keemiseni, seejärel alanda kuumust keskmiselt madalale, kata kaanega ja hauta, kuni metsriis on kergelt närides pehme, umbes 30 minutit.

c) Vahepeal asetage ahjurest 6 tolli broileri alla ja seadke ahi praadima. Pintselda lõhet 1 spl õliga ning maitsesta soola ja pipraga. Aseta lõhe nahk allapoole fooliumiga vooderdatud küpsetusplaadi ühele küljele.

d) Viska rooskapsasid ülejäänud 1 spl õli, soola ja pipraga ning laota seejärel ühtlase kihina küpsetusplaadi teisele küljele. Hauta, kuni lõhe on läbi küpsenud ja kergesti helbed, olenevalt paksusest 6–8 minutit.

e) Serveerimiseks jaga kausside vahel metsik riis, rooskapsas ja radicchio. Kõige peale lisa lõhe, apteegitilli, apelsinitükid, talisibul ja pistaatsiapähklid. Klopi kaste veel korra kokku ja nirista peale.

48. Mason jar peet , granaatõun ja rooskapsas

Valmistab: 4

KOOSTISOSAD:
- 3 keskmist peeti
- 1 spl oliiviõli
- Koššersool ja värskelt jahvatatud must pipar, maitse järgi
- 1 tass metsikut riisi
- 4 tassi beebispinatit või lehtkapsast
- 2 tassi rooskapsast, õhukeselt viilutatud
- 3 klementiini, kooritud ja segmenteeritud
- ½ tassi pekanipähklit, röstitud
- ½ tassi granaatõunaseemneid

MEE-DIJONI PUNAVEINIVIINIGRETT
- ¼ tassi ekstra neitsioliiviõli
- 2 spl punase veini äädikat
- ½ šalottsibul, hakitud
- 1 spl mett
- 2 tl täistera sinepit
- Koššersool ja värskelt jahvatatud must pipar, maitse järgi

JUHISED:
a) Kuumuta ahi 400 kraadini F. Vooderda küpsetusplaat fooliumiga.
b) Aseta peedid fooliumile, nirista peale oliiviõli ning maitsesta soola ja pipraga.
c) Koti moodustamiseks keerake fooliumi kõik 4 külge kokku. Küpseta kuni kahvli pehmeks, 35 kuni 45 minutit; lase jahtuda, umbes 30 minutit.
d) Puhta paberrätikuga hõõruge peet koorte eemaldamiseks; lõika hammustuse suurusteks tükkideks.
e) Keeda metsik riis vastavalt pakendi juhistele, seejärel lase jahtuda.
f) Jaga peedid 4 laia suuga kaanega klaaspurki. Kõige peale lisa spinat või lehtkapsas, metsik riis, rooskapsas, klementiinid, pekanipähklid ja granaatõunaseemned.

VIINIGRETTI KOHTA:
g) Vahusta oliiviõli, äädikas, šalottsibul, mesi, sinep ja 1 spl vett; maitsesta soola ja pipraga maitse järgi. Katke ja hoidke külmkapis kuni 3 päeva.
h) Serveerimiseks lisa igasse purki vinegrett ja loksuta. Serveeri kohe.

49. Peekon, porrulauk, tüümian metsik riis

Mark: 8

KOOSTISOSAD:
- 4 keskele lõigatud peekoni viilu, tükeldatud
- 2 tassi õhukeselt viilutatud värskeid cremini seeni
- 1½ tassi õhukeseks viilutatud porrulauku
- 1 spl hakitud värsket tüümiani
- 1 spl hakitud küüslauku
- 3 tassi soolamata kanapuljongit
- 1½ tassi keetmata metsikut riisi
- ¾ tl koššersoola
- ½ tl musta pipart
- 1 unts Gruyère juust, riivitud

JUHISED:
a) Küpseta peekonit mittenakkuval pannil mõõdukal kuumusel krõbedaks, umbes 5 minutit. Tõsta peekon paberrätikutega vooderdatud taldrikule, jättes tilgad pannile. Tõsta peekon kõrvale.
b) Lisage pannil kuumadele tilgutitele seened ja porrulauk ning küpseta sageli segades 6–8 minutit, kuni need on pehmed ja kergelt pruunistunud. Lisa tüümian ja küüslauk; küpseta sageli segades, kuni see lõhnab, 1 minut. Tõsta porru segu Crockpotti.
c) Segage puljong, metsik riis, sool ja pipar. Katke ja küpseta HIGH-l, kuni metsriis on al dente, umbes 2 tundi. Lülitage Crockpot välja ja laske segul 10 minutit seista. Enne serveerimist puista üle juustu ja peekoniga.

50. Köögiviljad ja Metsik riis

Valmistab: 8 portsjonit

KOOSTISOSAD:
- 2 porgandit, kooritud ja viilutatud
- 2 pastinaaki, kooritud ja viilutatud
- 8 untsi kärbitud rooskapsast
- ¼ tassi oliiviõli, jagatud
- ¼ tl soola, jagatud
- ¼ tassi rosinaid
- ¼ tl musta pipart, jagatud
- 1 tass kuiva metsikut riisi, keedetud vastavalt pakendi juhistele
- 1 spl õunasiidri äädikat
- 2 tl Dijoni sinepit
- ¼ tassi pekanipähklit, jämedalt hakitud

JUHISED:
a) Valmistage ahi ette, soojendades seda temperatuurini 400 kraadi Fahrenheiti.
b) Sega porgandid, pastinaak ja rooskapsas 2 sl oliiviõli, vähese soola ja pipraga ning määri õliga määritud ahjupannile.
c) Rösti 22 minutit, kuni servad on krõbedad, keerake pooleldi ümber.
d) Sega väikeses tassis ülejäänud 2 supilusikatäit oliiviõli, ülejäänud ⅛ teelusikatäit soola, ülejäänud ⅛ teelusikatäit pipart, siidriäädikat ja Dijoni sinep.
e) Rösti pekanipähklit kuival praepannil mõõdukal kuumusel aromaatseks, umbes 3 minutit.
f) Serveeri vaagnal või serveerimisnõus röstitud köögivilju, keedetud metsikut riisi, kastet, röstitud kreeka pähkleid ja rosinaid.

51.   Metsiku riisi salat magusa hernepestoga

Valmistab: 8 portsjonit

KOOSTISOSAD:
- 1½ tassi külmutatud herneid, sulatatud
- ¼ tassi parmesani juustu
- 2 küüslauguküünt
- 2 spl päevalilleseemneid, Koristatud
- ¼ tl musta pipart
- 1 tass kuiva metsikut riisi, keedetud
- ¼ tassi oliiviõli
- ½ tassi madala naatriumisisaldusega konserveeritud valgeid ube
- 1 pint kirss- või viinamarjatomateid
- 1 kollane paprika, tükeldatud
- ½ sidruni koor

JUHISED:
a) Pulseeri köögikombainis sulatatud herned, parmesan, küüslauk, päevalilleseemned ja pipar.
b) Tilguta õrnalt sisse oliiviõli, kuni kaste on ühtlane.
c) Sega jahtunud metsriis, pestokaste, valged oad, tomatid, paprika ja sidrunikoor segamisnõus.

52. Maguskartuli toitekausid

KOOSTISAINED

- 2 keskmist maguskartulit, kooritud ja 1-tollisteks tükkideks lõigatud
- 3 spl ekstra neitsioliiviõli, jagatud
- ½ tl suitsutatud paprikat
- Koššersool ja värskelt jahvatatud must pipar, maitse järgi
- 1 tass metsikut riisi
- 1 hunnik lacinato lehtkapsast, tükeldatud
- 1 spl värskelt pressitud sidrunimahla
- 1 tass hakitud punast kapsast
- 1 tass poolitatud kirsstomateid
- ¾ tassi krõbedaid Garbanzo ube
- 2 avokaadot, poolitatud, kivideta ja kooritud

JUHISED

a) Kuumuta ahi 400 kraadini F. Vooderda küpsetusplaat küpsetuspaberiga.

b) Asetage bataadid ettevalmistatud ahjuplaadile. Lisa 1 ½ supilusikatäit oliiviõli ja paprikat, maitsesta soola ja pipraga ning sega õrnalt segamini. Laota ühe kihina ja küpseta 20–25 minutit, keerates üks kord, kuni see on kahvliga kergesti läbitorkav.

c) Keeda metsik riis vastavalt pakendi juhistele; kõrvale panema.

d) Kombineerige lehtkapsas, sidrunimahl ja ülejäänud 1 ½ supilusikatäit oliiviõli keskmises kausis. Masseerige lehtkapsast, kuni see on hästi segunenud, ja maitsestage maitse järgi soola ja pipraga.

e) Jagage metsik riis toiduvalmistamise anumatesse. Kõige peale lisa bataat, kapsas, tomatid ja krõbedad garbanzod. Hoia külmkapis kuni 3 päeva. Serveeri koos avokaadoga.

53. Tai kana buddha kausid

KOOSTISAINED
Vürtsikas MAAPÄHKLIKASTE
- 3 supilusikatäit kreemjat maapähklivõid
- 2 spl värskelt pressitud laimimahla
- 1 spl vähendatud naatriumisisaldusega sojakastet
- 2 tl tumepruuni suhkrut
- 2 tl sambal oeleki (jahvatatud värske tšillipasta)

SALAT
- 1 tass metsikut riisi
- ¼ tassi kanapuljongit
- 1 ½ supilusikatäit sambal oeleki (jahvatatud värske tšillipasta)
- 1 spl helepruuni suhkrut
- 1 spl värskelt pressitud laimimahla
- 1 kilo kondita ja nahata kanarinda, lõigatud 1-tollisteks tükkideks
- 1 spl maisitärklist
- 1 spl kalakastet
- 1 spl oliiviõli
- 2 küüslauguküünt, hakitud
- 1 šalottsibul, hakitud
- 1 spl värskelt riivitud ingverit
- Koššersool ja värskelt jahvatatud must pipar, maitse järgi
- 2 tassi hakitud lehtkapsast
- 1 ½ tassi hakitud lillat kapsast
- 1 tass oa idandeid
- 2 porgandit, kooritud ja riivitud
- ½ tassi värskeid koriandri lehti
- ¼ tassi röstitud maapähkleid

JUHISED

a) MAAPÄHKLIKASTE: vahustage väikeses kausis kokku maapähklivõi, laimimahl, sojakaste, pruun suhkur, sambal oelek ja 2–3 supilusikatäit vett. Katke ja hoidke külmkapis kuni 3 päeva.

b) Keeda metsik riis vastavalt pakendi juhistele; kõrvale panema.

c) Metsiku riisi küpsemise ajal vahustage väikeses kausis puljong, sambal oelek, pruun suhkur ja laimimahl; kõrvale panema.

d) Sega suures kausis kana, maisitärklis ja kalakaste, viska katteks ja lase kanal mõni minut maisitärklisel imenduda.

e) Kuumuta oliiviõli suurel pannil keskmisel kuumusel. Lisa kana ja küpseta kuldseks, 3–5 minutit. Lisage küüslauk, šalottsibul ja ingver ning jätkake küpsetamist, sageli segades, kuni lõhnavad, umbes 2 minutit. Segage puljongit ja keetke, kuni see on veidi paksenenud, umbes 1 minut. Maitsesta soola ja pipraga maitse järgi.

f) Jagage metsik riis toiduvalmistamise anumatesse. Kõige peale pane kana, lehtkapsas, kapsas, oad, porgandid, koriander ja maapähklid. Säilib kaetult külmkapis 3-4 päeva. Serveeri vürtsika maapähklikastmega.

54. Metsiku riisi köögiviljasupp

Valmistab: 6 portsjonit

KOOSTISOSAD:
- 1 tass porgandit, tükeldatud
- 1 küüslauguküüs, hakitud
- ¾ tassi kooritud metsikut riisi
- V egan parmesan , riivitud
- 4 tassi köögiviljapuljongit
- 1 tass sellerit, tükeldatud
- 28 - o unce purki tomatipüreed
- 15 - o unce ubade purk, nõrutatud ja loputatud
- 2 tassi lehtkapsast, jämedalt hakitud
- 1 oksake rosmariini

JUHISED:
a) Prae pannil oliiviõlis sibul, porgand ja seller .
b) Lisa rosmariin, küüslauk ja metsik riis.
c) Aja puljong pidevalt segades keema.
d) Alandage kuumust ja keetke umbes 1 tund, kuni metsriis on keedetud, seejärel lisage tomatid ja oad.
e) Serveeri vegan parmesaniga.

55. Segateraline tšilli

Mark: 12

KOOSTIS:
- 2 spl oliiviõli
- 2 šalottsibulat, hakitud
- 1 suur kollane sibul, tükeldatud
- 1 spl värsket ingverit, peeneks riivitud
- 8 küüslauguküünt, purustatud
- 1 tl jahvatatud köömneid
- 3 supilusikatäit punase pipra pulbrit
- soola
- Must pipar
- 28-untsi purk purustatud tomateid
- 1 konserveeritud chipotle pipar, hakitud
- 1 Serrano pipar, seemnetest puhastatud ja tükeldatud
- 3 hakitud kevadsibulat
- ⅔ tassi bulgurit
- ⅔ tassi metsikut riisi
- 2¼ tassi segatud läätsi, loputatud
- 1½ tassi konserveeritud kikerherneid

JUHISED:
a) Kuumuta õli pannil kõrgel kuumusel ja küpseta šalottsibulat ja sibulat 4-5 minutit.
b) Prae ingveri, küüslaugu, köömnete ja tšillipulbriga 1 minut.
c) Kombineerige tomatite, paprikate ja puljongiga.
d) Aja koostisained keema, välja arvatud talisibul.
e) Vähendage madalale kuumusele ja küpseta 35–45 minutit või kuni soovitud paksuse saavutamiseni.
f) Serveeri kuumalt ja puista peale kevadist sibulat.

56. Pärsia granaatõunasupp

Valmistab: 6-8

KOOSTISOSAD:
- ¼ tassi oliiviõli, millele lisandub katteks
- 1 kollane sibul, tükeldatud
- 3 küüslauguküünt, hakitud
- ¾ tassi kollaseid poolitatud herneid
- ½ tassi läätsi
- ½ tassi mungoube
- ½ tassi metsikut riisi
- 1 suur peet, väikesteks kuubikuteks
- 2 tl jahvatatud köömneid
- 1 tl jahvatatud kurkumit
- 12 tassi köögiviljapuljongit või vett
- 2 spl kuivatatud piparmünt
- ½ tassi granaatõuna melassi
- 1 hunnik hakitud koriandrit
- 1 tass labneh või paksu jogurtit
- 1 granaatõuna seemned
- Sool ja pipar

JUHISED:
a) Kuumuta suures potis õli keskmisel kuumusel ja küpseta sibulat umbes 10 minutit, kuni see hakkab pruunistuma, sageli segades.
b) Lisa küüslauk, oad, metsik riis, peet, vürtsid ja 2 tl soola. Segage hästi keedetud sibulaga, lisage puljong või vesi ja laske keema tõusta.
c) Alanda kuumust ja hauta kaane all poolteist tundi, kuni oad ja metsriis on pehmed.
d) Supi veel podisemise ajal sega juurde kuivatatud piparmünt ja granaatõunamelass ning maitsesta soola ja pipraga.
e) Serveeri soojalt, peale tilga oliiviõli ja jogurtit ning rikkalikult koriandrit ja granaatõunaseemneid.

57. Soe Shiitake- Metsiku riisi salat

Valmistab: 4

KOOSTISOSAD:
- ¾ tassi metsikut riisi
- ¼ naela shiitake seeni, eemaldatud varred ja viilutatud kübarad
- 1 šalottsibul, peeneks viilutatud
- 1 punane sibul, poolitatud
- 4 küüslauguküünt, hakitud
- Sool ja pipar, maitse järgi
- 4 supilusikatäit balsamico glasuuri
- 1 spl vahtrasiirupit või mett
- 1 suur salatipea, rebitud
- ¼ tassi peterselli, hakitud
- ¼ tassi tilli oksi, hakitud

JUHISED:
a) Lisa potti metsik riis, punane sibul, küüslauk ja sool. Kata veega umbes 2 tolli võrra, seejärel hauta, kuni terad on pehmed ja vesi on imendunud – umbes 40 minutit.
b) Kui Wild Rice'il on aega umbes 10 minutit, valmista krõbedad seened. Kuumuta pannil tilk õli ja lisa seened, prae kuni kuldpruunini umbes 10 minutit. Tõsta köögipaberiga taldrikule nõrguma, seejärel puista peale soola ja pipart.
c) Lisa samale pannile šalottsibul ja küpseta kuldseks. Tõsta pann tulelt, seejärel sega hulka balsamico ja vahtrasiirup.
d) Lisa salatilehed vaagnale või salatikaussi. Lisa metsik riis ja balsamico kaste, sega korralikult läbi. Tõsta peale seened, petersell ja till.
e) Võib serveerida soojalt või jahedalt.

58. Metsiku riisi risotto

Mark: 8

KOOSTISOSAD:
- 2 ¼ tassi kooritud metsikut riisi, loputatud
- 4 küüslauguküünt, hakitud
- 1 (8 untsi) pakend nööbiseened, tükeldatud
- 6 tassi madala naatriumisisaldusega köögiviljapuljongit
- ½ tl kuivatatud majoraani lehti
- ⅛ tl musta pipart
- ⅔ tassi riivitud Parmesani juustu

JUHISED:
e) Sega 6-liitrises aeglases pliidis metsik riis, küüslauk, seened, puljong, majoraan ja pipar.
f) Katke ja keetke madalal kuumusel 7–8 tundi või seni, kuni metsriis on imanud suurema osa vedelikust ja on pehme ning köögiviljad on pehmed.
g) Sega juurde parmesani juust ja serveeri.

59. Lambaliha, metsik riis ja aprikoosi tagine

Mark: 8

KOOSTISOSAD:
- 3 tassi soolamata veiselihapuljongit
- ½ tassi kuldseid rosinaid
- 1 tass kuivatatud aprikoosi poolikuid
- 1½ tl jahvatatud köömneid
- ½ tl Cayenne'i pipart
- 3 spl tomatipastat
- 2 tl koššersoola
- ½ tassi hakitud värsket koriandrit
- 2½ tassi hakitud valget sibulat
- 1 tass kuumtöötlemata täistera kooritud metsikut riisi
- 2 kaneelipulka
- 1 tl jahvatatud koriandrit
- 8 küüslauguküünt, hakitud
- 2 naela lambajalg, kärbitud ja kuubikuteks lõigatud
- 1 spl värsket sidrunimahla

JUHISED:
a) Sega aeglases pliidis puljong, sibul, metsik riis, aprikoosid, tomatipasta, sool, köömned, koriander, cayenne, küüslauk ja kaneelipulgad.
b) Küpseta lambaliha kuumal pannil umbes 8 minutit, aeg-ajalt keerates, kuni see on igast küljest pruunistunud.
c) Lisage see aeglasele pliidile ja küpseta aeglaselt umbes 8 tundi.
d) Viska kaneelipulgad välja.
e) Enne serveerimist lisage Crockpoti segule koriander, rosinad ja sidrunimahl.

60. Kana ja metsiku riisi supp

Mark: 6

KOOSTISOSAD :
- 1 tass sibulat, tükeldatud
- 1 kanafilee, tükeldatud ja keedetud
- ½ tassi metsikut riisi
- 1 kana puljongikuubik
- Sool, 1 tl
- ½ tl pipart
- 1 tl kuivatatud salvei
- 2 tassi hakitud porgandit
- 1 tl linnulihamaitseainet
- 1 tass hakitud sellerit
- 1 loorberileht

JUHISED:
a) Lisa kõik koostisosad Crockpotti.
b) Keeda madalal kuumusel umbes 1 tund.
c) Eemalda loorberileht.

61. Metsiku riisi risotto pähklikõrvitsaga

Mark: 6

KOOSTISOSAD:
- 1 tl oliiviõli
- 16 untsi pakk viilutatud värskeid cremini seeni
- 1½ tassi kuumtöötlemata täistera kooritud metsikut riisi
- 1½ tl šerri äädikat
- 1½ untsi riivitud parmesani juustu
- ½ tl granuleeritud suhkrut
- 1 värske salvei oksake, pluss 3 supilusikatäit värskeid lehti
- Toiduvalmistamise pihusti
- 4 tassi soolamata köögiviljapuljongit
- ⅞ teelusikatäis koššersoola
- 4 tassi kooritud ja tükeldatud kõrvitsat
- ½ tl musta pipart
- 1 kollane sibul, hakitud
- ⅓ tassi india pähkli koort

JUHISED:
a) Kuumuta pannil keskmisel kuumusel õli.
b) Prae sibulaid umbes 5 minutit.
c) Lisa seened pannile ja küpseta sageli segades 8 minutit.
d) Küpseta sageli segades 1 minut pannil metsiku riisi ja salveioksaga.
e) Pihustage Crockpoti sisemus küpsetusspreiga.
f) Sega Crockpotis Wild Rice segu, puljong, sool, pipar ja suhkur; sega kokku.
g) Puista peale kõrvits.
h) Küpseta 5 tundi HIGH-l, kaanega.
i) Eemalda salvei oks.
j) Püreesta lusikaseljaga kõrvitsakuubikud risotosse ühtlaseks massiks.
k) Segage india pähkli koor ja äädikas, kuni see on hästi segunenud.
l) Kaunista juustu ja salveiga.

62. Vanaema maaveiseliha metsik riisisupp

KOOSTISOSAD:
- ½-1 naela veiseliha hautatud liha
- 2 küüslauguküünt
- 2 spl õli
- 1 purk tomateid
- 2 tassi porgandit
- 2 tassi sellerit
- 2 tassi rohelisi ube
- ½ tassi metsikut riisi
- 1 spl Worcestershire'i kastet
- Näputäis basiilikut
- Sool ja pipar
- 1 pakk veisepuljongit

JUHISED:
a) Pruunista veisehautis koos küüslauguga 2 spl õlis.
b) Lisa tomatid, porgand, seller, rohelised oad, metsik riis, Worcestershire'i kaste, näputäis basiilikut, sool ja pipar ning 1 pakk veisepuljongit.
c) Keeda madalal kuumusel 3-4 tundi.

63. riisi kaera lihapallid

Valmistab: 6 portsjonit

KOOSTISOSAD
- 1 tass konserveeritud võioad
- ¾ tassi Bulgurit, keedetud
- ¾ tassi metsikut riisi, keedetud
- ½ tassi kiirkaerahelbed, kuumtöötlemata
- 1½ supilusikatäit sojakastet
- 2 spl Barbecue kastet
- 1 tl Kuivatatud basiilikut
- ½ tassi sibulat, peeneks hakitud
- 1 küüslauguküüs, peeneks hakitud
- 1 varsseller, tükeldatud
- 1 tl Sool
- Pipar maitse järgi

JUHISED
a) Püreesta oad kahvli või kartulipudruga.
b) Lisa ülejäänud ained ja vormi 6 lihapalli.
c) Piserda pannil õli ja pruunista lihapallid mõlemalt poolt.

64. Metsiku riisi risotto spargli ja seentega

Teeb 4 portsjonit

- 2 spl oliiviõli
- 1/2 naela õhukest sparglit, kõvad otsad kärbitud ja diagonaalselt 1-tollisteks tükkideks lõigatud
- 3 küüslauguküünt, hakitud
- 1 tass metsikut riisi
- 1 tl hakitud värsket tüümiani või 1/4 tl kuivatatud
- 4 tassi kuuma köögiviljapuljongit
- Sool ja värskelt jahvatatud must pipar

a) Kuumuta suures potis õli keskmisel kuumusel. Lisa spargel, seened ja küüslauk.
b) Katke ja küpseta 5 minutit.
c) Lisa metsik riis ja sega õliga kattumiseks. Lisa tüümian ja vein ning sega õrnalt, kuni vedelik on imendunud.
d) Lisa puljong 1 tassi kaupa ja sega enne iga lisamist, kuni vedelik on imendunud.
e) Lisa maitse järgi soola ja pipart. Hauta sageli segades kuni kreemjaks.
f) Serveeri kohe.

65. Metsiku riisi ja talveköögiviljahautis

Teeb 4 portsjonit

- 1 spl oliiviõli
- 2 keskmist porgandit, tükeldatud
- 1 keskmine kollane sibul, hakitud
- 1 selleriribi, tükeldatud
- 2 küüslauguküünt, hakitud
- ¾ tassi metsikut riisi
- 4 tassi hakitud kapsast
- 1 keskmine rusikas kartul, kooritud ja lõigatud 1/2-tollisteks kuubikuteks
- 1 tass viilutatud cremini või valgeid seeni
- 1 spl sojakastet
- 1 tl kuivatatud tüümiani
- 2 tl kuivatatud tilli
- Sool ja värskelt jahvatatud must pipar
- 3 tassi köögiviljapuljongit

a) Kuumuta suures potis õli keskmisel kuumusel. Lisa porgand, sibul ja seller. Katke ja küpseta, kuni see on pehmenenud, umbes 10 minutit.
b) Lisa küüslauk ja küpseta, kuni see lõhnab, 1 minut.
c) Lisa metsik riis, kapsas, kartul, seened, sojakaste, tüümian, tillirohi ning maitse järgi soola ja pipart. Sega juurde puljong ja lase keema tõusta.
d) Alandage kuumust madalaks, lisage oad ja hautage kaaneta umbes 45 minutit, kuni metsriis on keedetud ja köögiviljad pehmed.
e) Maitse, vajadusel lisa maitseaineid, olenevalt puljongi soolasusest. Serveeri kohe.

66. Metsik riisipilaf porgandi, kreeka pähklite ja kuldsete rosinatega

Teeb 4 portsjonit

- 2 spl oliiviõli
- 1 keskmine kollane sibul, peeneks hakitud
- 1 keskmine porgand, peeneks hakitud
- 1/2 tassi hakitud kreeka pähkleid
- 2 tassi köögiviljapuljongit
- 1 tass metsikut riisi
- 1/3 tassi kuldseid rosinaid
- 1 spl hakitud värsket tilli umbrohtu või 1 tl kuivatatud tilli

a) Kuumuta suurel pannil õli keskmisel kuumusel.
b) Lisage sibul ja porgand, katke kaanega ja küpseta, kuni need on pehmenenud, umbes 5 minutit.
c) Sega sisse kreeka pähklid ja küpseta kaaneta 5 minutit kauem.
d) Lisa puljong ja metsriis ning kuumuta keemiseni.
e) Alandage kuumust madalaks, katke kaanega ja hautage, kuni metsriis ja köögiviljad on pehmed, aeg-ajalt segades umbes 30 minutit.
f) Umbes 5 minutit enne serveerimist sega hulka rosinad ja tillirohi. Serveeri kohe.

67. Kaneeli metsik riis virsikutega

Mark: 6

KOOSTISOSAD:
- Toiduvalmistamise pihusti
- 2 ½ tassi vett
- ½ tl jahvatatud kaneeli
- 1 ½ tassi rasvavaba pool ja pool
- 1 tass keetmata metsikut riisi, loputatud, nõrutatud
- ¼ tassi suhkrut
- 1½ tl vaniljeekstrakti
- 2 tassi külmutatud, magustamata virsikuviile
- ¼ tassi hakitud pekanipähklit, kuivröstitud

JUHISED:
a) Katke aeglane pliit küpsetuspihustiga.
b) Täida veega ja küpseta metsikut riisi ja kaneeli 2 tundi madalal kuumusel.
c) Vahusta eraldi kausis pool ja pool, suhkur ja vaniljeessents.
d) Valage metsik riis kaussidesse.
e) Lisage peale virsikud, seejärel pool ja pool segu ja p ecans.

68. Praetud kana ja tomatid

Valmistab: 4 portsjonit

KOOSTISOSAD:

k) 2 kanarinda, lõigatud pikuti
l) 1 tass kirsstomateid, neljaks lõigatud
m) 3 küüslauguküünt, hakitud
n) 1 tass metsikut riisi
o) 1 spl tilli
p) 1 tl musta pipart
q) 1 sidruni mahl
r) 1 tass vähendatud rasvasisaldusega fetajuustu, purustatud
s) 1 spl taimeõli
t) 1 paprika, tükeldatud
u) 1 tl madala naatriumisisaldusega soola
v) 1 kuubikuteks lõigatud kurk

JUHISED:

a) Sega pool õlist, küüslauguküüned ja basiilik tõmblukuga kotis kanarindadega .
b) Kuumuta palsamiäädikas ja mesi keema.
c) Segage väikeses segamisnõus tükeldatud tomatid, ülejäänud 2 küüslauguküünt ja ¼ tassi basiilikulehti; kõrvale panema.
d) Kuumuta teisel pannil ülejäänud oliiviõli ja pruunista kanarinda mõlemalt poolt 3 minutit.
e) Nirista ¼ tassi tomatisegu ja balsamico glasuuri kana rinnapoolikutele.

69. Kana ja metsiku riisi supp

Valmistab: 6 portsjonit

KOOSTISOSAD:
- 1 sibul, hakitud
- 4 tassi rasvavaba madala naatriumisisaldusega kanapuljongit
- 1 spl tüümian, hakitud
- 1 tass vett
- 3 suurt küüslauguküünt, hakitud
- 1 porgand, viilutatud
- 1 tl pipart
- 1 nael kondita, nahata kanarinda, kuubikuteks
- ½ tassi keetmata metsikut riisi
- 1 kuivatatud loorberileht
- 2 untsi viilutatud suhkruherneid

JUHISED
a) Kuumuta kana, puljong, sibul, vesi, porgand, küüslauk, tüümian, loorber ja pipar keemiseni.
b) Kata kaanega ja hauta 5 minutit.
c) Sega metsik riis korralikult läbi.
d) Küpseta 5 minutit temperatuuril 350 °F.
e) Segage herned hoolikalt 8 minutit.
f) Eemalda loorberileht ja serveeri.

70. Kalahautis tšilliga

Valmistab: 4

KOOSTIS :
- 1 sibul, hakitud
- 2 apteegitilli sibulat, hakitud
- 1 punane tšilli, peeneks hakitud
- 1 plekk ploomtomatit
- 6 supilusikatäit oliiviõli
- 1 tl apteegitilli seemneid, jahvatatud
- 2 küüslauguküünt, purustatud
- 1 nael valge kalafilee
- 3 untsi röstitud mandleid, jahvatatud
- 3 untsi köögiviljapuljongit
- ½ tl magusa paprika pulbrit
- 1 spl värskeid tüümiani lehti
- 1 tl safrani kiudu
- 3 värsket loorberilehte
- Metsik riis ja kevadised rohelised
- 1 sidrun, viiludeks lõigatud

JUHISED:
a) Aurutage sibul, apteegitill, tšilli, purustatud apteegitilli seemned ja küüslauk.
b) Lisa paprika, tüümian, safran, loorberilehed ja tomatid.
c) Kuumuta koos köögiviljapuljongiga keema.
d) Lisa hautisele kala/tofu koos mandlitega.
e) Serveeri roheliste, metsiku riisi ja sidruniviiludega.

71. Loaded roheliste ja seemnetega diabeedisõbralik salat

Valmistab: 3-4

KOOSTISOSAD:
- 3½ untsi tofut
- 1 peotäis raketilehti
- 1 hunnik cos salatit
- 1 peotäis lambasalatit
- 2 kobarat beebispinatit
- ½ purki kikerherneid
- 1 avokaado
- 1 peotäis seemneid ja pähkleid
- 6 kirsstomatit
- ½ kurk
- 1 portsjon metsikut riisi, keedetud
- ½ roheline või punane pipar
- Oliiviõli
- Sidrun
- Himaalaja sool ja must pipar

JUHISED:
a) Prae tofu kergelt mandliõlis.
b) Viska kõik kokku.

72. Köögivilja ja metsiku riisi kausid

Köögiviljad:
- 4 keskmist tervet porgandit.
- 1 1/2 tassi neljaks lõigatud imikute kollast kartulit.
- 2 supilusikatäit vahtrasiirupit.
- 2 supilusikatäit oliiviõli.
- 1 tervislik näputäis igale meresoola + musta pipart.
- 1 supilusikatäis viilutatud värsket rosmariini.
- 2 tassi poolitatud rooskapsast.

Metsik riis:
- 1 tass valget metsikut riisi hästi loputatud + kurnatud.
- 1 3/4 tassi vett.
- 1 näputäis meresoola.

Kaste:
- 1/2 tassi tahini.
- 1 keskmine sidrun, mahla pressitud (Mass - 3 supilusikatäit või 45 ml).
- 2-3 supilusikatäit vahtrasiirupit.

Serveerimiseks valikuline:
- Värsked ürdid (petersell, tüümian ja nii edasi).
- Granaatõuna arilid.

Juhised

a) Kuumuta ahi 400 kraadini F (204° C) ja vooderda küpsetusplaat küpsetuspaberiga

b) Kalla porgandid ja kartulid lehele ning nirista peale pool vahtrasiirupist, pool oliiviõlist, soola, pipra ja rosmariiniga. Viska integreerimiseks. Seejärel küpseta 12 minutit.

c) Vahepeal kuumuta pann keskmisel-kõrgel kuumusel. Kui see on kuum, lisage loputatud metsriis, et kergelt praadida, enne kui lisate vett, et aurustada järelejäänud niiskus ja esile tuua pähkline maitse.

d) Valmistage 2-3 minutit, sageli segades. Lisa vesi ja näputäis soola. Viimasena valmista kaste .

e) Serveerimiseks jagage metsik riis ja köögiviljad serveerimiskausside vahel ning lisage rikkalikult tahini kastet. Esineb kaunistusvalikutega, nagu granaatõunaarillid või värsked ürdid.

73. Metsiku riisi , õuna ja rosina salat

Valmistab: 4 portsjonit

Koostis:
- 1 tass metsikut riisi
- 1/4 tassi viilutatud mandleid
- 2 spl õunasiidri äädikat
- 2 supilusikatäit mett
- 1 spl oliiviõli
- 1/4 teelusikatäit soola
- 1/4 tl musta pipart
- 2 tassi lehtkapsast, peeneks hakitud
- 1 Granny Smithi õun, tükeldatud
- 1/3 tassi rosinaid
- 2 spl peterselli, peeneks hakitud

Juhised:
a) Metsiku riisi keetmiseks järgige pakendi juhiseid. Enne serveerimist lase jahtuda toatemperatuurini.
b) Vahepeal rösti mandleid väikesel kuival pannil keskmisel kuumusel 3 minutit või kuni need muutuvad aromaatseks. Enne serveerimist lase jahtuda.
c) Segage suures segamisnõus siidriäädikas, mesi, oliiviõli, sool ja pipar. Viska hakitud lehtkapsast kätega 3-5 minutiks või kuni lehtkapsas on pehmenenud.
d) Viska jahtunud metsik riis, õun, rosinad ja petersell äädika ja lehtkapsa segusse segamiseks. Serveeri

74. Juustune metsiku riisi salat

Valmistab: 4 portsjonit
Koostis:
- 1 tass metsikut riisi
- 1 spl oliiviõli
- 2 küüslauguküünt, hakitud
- 1/2 sidruni mahl
- 1/8 tl soola
- 1/8 tl musta pipart
- 1 tass kirsstomateid, neljaks lõigatud
- 1 väike kollane paprika, tükeldatud
- 1 väike kuubikuteks lõigatud kurk
- 1/2 tassi vähendatud rasvasisaldusega fetajuustu, murenenud
- 1 spl hakitud värsket tilli

Juhised:
a) Metsiku riisi keetmiseks järgige pakendi juhiseid. Enne serveerimist lase jahtuda toatemperatuurini.

b) Sega suures segamisnõus oliiviõli, küüslauk, sidrunimahl, sool ja pipar.

c) Sega kausis jahutatud metsriis, kirsstomatid, paprika, kurk, fetajuust ja till kastmega.

75. S mandli ja Metsiku riisi hommikusöök

2 portsjonit

Koostis:
a) 2 suured munad, keedetud, kooritud ja viilutatud
b) 1 Little Gem salati pea, lehed eraldatud
c) ½ Pärsia kurk, viilutatud
d) 4 väga õhukesed viilud punane sibul
e) 3 untsi suitsulõhe , jämedalt helvestatud
f) ½ tassi keedetud metsikut riisi või muud teravilja
g) 2 supilusikatäit kookosõli _
h) 1 supilusikatäis nõrutatud kapparid
i) ¼ teelusikatäis peeneks riivitud sidrunikoort
j) 1 supilusikatäis pluss 2 tl värsket sidrunimahla
k) Tükeldatud till
l) 1 avokaado, viilutatud

Juhised
● suures kausis salat, kurk, sibul, suitsulõhe , metsik riis, õli, kapparid, sidrunikoor ja sidrunimahl; maitsesta soola ja pipraga.
● Kõige peale pane munaviilud, avokaado ja till.

76. Squash, Microgreens ja Wild Rice salat

Serveerib 2
Koostis:
Vegan seesami küüslaugukaste;
- 1 supilusikatäit Tahini pasta
- 2 supilusikatäit oliiviõli
- 2 küüslauguküünt
- 2 supilusikatäit pune
- 2 supilusikatäit koriandrit
- ½ Jalapeno (valikuline)
- 3 supilusikatäit õunasiidri äädikat
- Sool ja pipar maitse järgi

Röstitud squashi salat;
- 1 Acorn Squash (tükeldatuna hammustuse suurusteks tükkideks)
- 1 supilusikatäis oliiviõli
- 1 supilusikatäis punaseid tšillihelbeid
- soola
- ½ tassi Microgreens
- ¼ tassi metsikut riisi, keedetud
- sool

Juhised

a) Kuumuta ahi 425 kraadini F.

b) Nirista kõrvitsale oliiviõli ja sega korralikult läbi, seejärel laota kõrvits ühe kihina küpsetusplaadile, maitsesta soola ja tšilliga .

c) Rösti kõrvitsat 25 minutit.

d) Kastme valmistamiseks sega kõik koostisained köögikombainis ja vahusta ühtlaseks massiks.

e) Kui kõrvits on pehme, viige see salatikaussi. Viska pool kastmest sisse metsiku riisiga. Vahetult enne serveerimist viska sisse mikrorohelised ja nirista peale ülejäänud kaste.

77. Microgreen metsiku riisi salat

Koostis:

Salati jaoks:
- 1 tass keedetud metsikut riisi
- 1 tass pärandtomateid poolitatud
- 1/2 tassi kivideta Kalamata oliive
- 2 1/2 supilusikatäit peeneks viilutatud rohelist sibulat
- 1 unts keedetud mustad oad
- 1/2 avokaadot lõigatakse väikesteks ruutudeks
- 2 tassi mikrorohelist

Kastme jaoks:
- 2 suurt küüslauguküünt
- 1/4 tassi punase veini äädikat
- 1/4 tassi värskeid basiiliku lehti
- 1 tl koššersoola
- 1 tl musta pipart
- 1/2 tassi oliiviõli

Juhised

a) Sega köögikombainis punase veini äädikas, küüslauk, basiilik, sool ja pipar.

b) Pulseerige suurel kiirusel, lisades samal ajal aeglaselt õli, kuni see on emulgeeritud.

c) Sega salati koostisosad kahe supilusikatäie kastmega. Soovi korral lisa kastet.

d) Serveeri kohe või hoia kasutusvalmis külmkapis.

78. Metsiku riisi rukola salat

Valmistab: 6 portsjonit

Koostis:

- 1 tass metsikut riisi
- 3 spl sidrunimahla
- 3 supilusikatäit oliiviõli
- 1/4 tl pipart
- 1/8 tl soola
- 2 tassi arbuusi, lõigatud väikesteks kuubikuteks
- 2 tassi beebi rukolat
- 1 tass kirsstomateid, poolitatud
- 1/4 tassi värsket piparmünti, jämedalt hakitud
- 2 supilusikatäit kreeka pähkleid, jämedalt hakitud

Juhised:

a) Metsiku riisi keetmiseks järgige pakendi juhiseid. Enne serveerimist lase jahtuda toatemperatuurini.

b) Segage väikeses tassis sidrunimahl, oliiviõli, pipar ja sool ning pange kõrvale.

c) Sega jahtunud metsriis, arbuus, rukola, kirsstomatid, piparmünt, kreeka pähklid ja kaste suures segamisnõus.

d) Sega kõik kokku, serveeri ja naudi!

79. Metsiku riisi fusilli ja tomati salat

Maht : 4 portsjonit

Koostis:
- 12 untsi. Wild Rice fusilli pasta , keedetud
- 1/4 tassi kookosõli
- 4 küüslauguküünt
- 1/4 tl purustatud punase pipra helbeid
- 2 pinti viinamarjatomateid, poolitatud
- 15 untsi. c annellini oad nõruta ja loputa
- 1/2 tassi orgaanilisi rohelisi herneid, keedetud
- 1/2 tassi õhukeselt viilutatud värsket basiilikut
- 1/2 tl meresoola
- 1/4 tl värskelt jahvatatud musta pipart

Juhised :

a) Kuumutage õli suurel mittenakkuval pannil keskmisel-kõrgel kuumusel. Lisa küüslaugu- ja piprahelbed ning küpseta pidevalt segades 30 sekundit või kuni lõhnavad.

b) Lisage viinamarjatomatid ja hautage regulaarselt segades 6–7 minutit, kuni need on pehmenenud.

c) Lisa oad ja herned.

d) Lisa pasta ja keeda aeg-ajalt segades 1 minut.

e) Sega juurde basiilik, sool ja pipar ning serveeri .

80. Marja metsiku riisi salat

Koostis:

Tsitrusviljade mee kaste:
- 1 tl apelsini koort
- 4 spl värsket apelsinimahla
- 2 spl värsket sidrunimahla
- 1 spl värsket laimimahla
- 1 spl mett
- 1 tl peeneks hakitud piparmünt
- 1 tl peeneks hakitud basiilikut

Salat:
- 2 tassi keedetud punast metsikut riisi
- 1 1/2 tassi pooleks lõigatud maasikaid
- 1 tass vaarikaid
- 1 tass murakaid
- 1 tass mustikaid
- 1 tass hakitud meega röstitud kaneeli mandleid
- 1 spl peeneks hakitud piparmünt
- 1 spl peeneks hakitud basiilikut

Juhised

a) **Kastme jaoks: Vahusta** väikeses kausis apelsinikoor, apelsinimahl, sidrunimahl, laimimahl, mesi, piparmünt ja basiilik. Kõrvale panema.

b) Sega suures kausis keedetud metsriis, maasikad, vaarikad, murakad, mustikad, mandlid, piparmünt ja basiilik.

c) Nirista salatile kaste ja sega uuesti õrnalt läbi. Serveeri.

81. Metsiku riisi kikerherne Buddha kauss

Teeb 2

Koostis:
Salat:
- 1 tass kuivatatud kikerherneid, keedetud
- 1 tass valget metsikut riisi , keedetud
- 1 suur pakk lokkis lehtkapsast

Tahini kaste :
- 1/2 tassi tahini
- 1/4 tl meresoola
- 1/4 tl küüslaugupulbrit
- 1/4 tassi vett
- Värske sidrunimahl

Juhised:

a) **Kastme valmistamiseks:** Sega tahini, meresool, sidrunimahl ja küüslaugupulber väikeses segamisnõus ning vahusta ühtlaseks. Seejärel lisa vähehaaval vett, kuni moodustub valatav kaste.

b) Lisage keskmisele pannile 1/2-tolline vesi ja lisage lehtkapsas. Kuumuta keskmisel kuumusel keema.

c) Tõsta lehtkapsas koheselt tulelt ja tõsta väikesele tassile.

d) **Salati kokkupanek:** Sega kausis keedetud kikerhernes, metsik riis ja lehtkapsas. Viska sisse kaste.

82. Röstitud metsik riis köögiviljadega

Koostis:
- ½ tassi metsikut riisi
- 1 tass vett
- 2 supilusikatäit õli
- 1/4 supilusikatäit sinepiseemneid
- 1/4 supilusikatäit köömneid
- 1 näputäis asafetida
- 5-6 karrilehte
- ½ supilusikatäit riivitud ingverit
- ½ supilusikatäit koriandripulbrit
- ½ supilusikatäit köömnepulbrit
- Soola maitse järgi
- 1-2 tomatit saab küpsetada või süüa toorelt kõrvale
- 1 tass kartulit, kapsast, lillkapsast, porgandit jne.
- Värsked kookospähkli tükid
- Värsked koriandri lehed

Juhised

1. Kuivröstige metsikut riisi pannil 10–15 minutit. Eemalda pannilt.
2. Kuumuta õli ja lisa sinepiseemned. Kui need paistavad, lisage köömned, asafetida, karrilehed, ingver, koriandripulber ja köömnepulber. Lisa köögiviljad ja pool küpseta.
3. Lisa röstitud metsik riis, sool ja vesi. Kuumuta keemiseni, kata ja hauta 10 minutit.
4. Avage kaas ja küpseta 2 kuni 3 minutit.
5. Kaunista maitse järgi värske kookospähkli ja koriandrilehtedega.

83. Guacamole ja Black Bean Bowl

Maht : 2 portsjonit

Koostis:
Guacamole:

- 1 avokaado, kooritud ja kivideta
- 1 spl laimimahla
- 1/2 tl meresoola
- 1/4 tl värskelt jahvatatud musta pipart
- 3 supilusikatäit hakitud värsket koriandrit

Salat:

- 1 tass külmutatud eelküpsetatud orgaanilist metsikut riisi
- 2 tassi orgaanilisi keedetud musti ube
- 3 supilusikatäit peeneks hakitud orgaanilist punast sibulat
- 2 küüslauguküünt, hakitud
- 1/2 tl köömneid
- 2 tassi orgaanilist segatud rohelist või beebispinatit
- 1 tass pooleks viilutatud orgaanilisi kirsstomateid
- 1 väike orgaaniline punane paprika, viilutatud
- 1 väike kurk, kooritud ja õhukesteks viiludeks

Garneering :

- 1 väike jalapeño, õhukeselt viilutatud

Juhised :

a) Püreesta avokaado kahvliga keskmises kausis, seejärel sega hulka laimimahl, meresool, must pipar ja koriander; kõrvale jätta.

b) Lisage suurde potti mustad oad, küüslauk ja köömned ning keetke aurutamiseni.

c) Jagage rohelised, tomatid, paprikatükid, peeneks hakitud punane sibul ja kurk kahe kausi vahel, seejärel valage mõlemale kausile metsik riis, oad ja guacamole.

d) Serveeri hakitud jalapenoga.

84. Metsiku riisi kikerherne Buddha kauss

Kikerherned:
- 1 tass kuivatatud kikerherneid.
- 1/2 tl meresoola.

Metsik riis:
- 1 supilusikatäis oliivi-, viinamarjaseemne- või avokaadoõli (või kookosõli).
- 1 tass valget metsikut riisi (hästi loputatud).
- 1 3/4 tassi vett.
- 1 näputäis tervislikku meresoola.

Lehtkapsas:
- 1 suur pakk lokkis lehtkapsast

Tahini kaste:
- 1/2 tassi tahini.
- 1/4 tl meresoola.
- 1/4 tl küüslaugupulbrit.
- 1/4 tassi vett.

Serveerimiseks:
- Värske sidrunimahl.

Juhised

a) Leotage kikerherneid üleöö jahedas vees või kasutage kiirleotamise meetodit: lisage loputatud kikerherned suurde potti ja katke 2-tollise veega. Nõruta, loputa ja lisa potti tagasi.

b) Leotatud kikerherneste küpsetamiseks lisage need suurde potti ja katke 2 tolli veega. Lase keema kõrgel kuumusel, seejärel alanda kuumust keemiseni, lisa soola ja sega ning küpseta kaaneta 40 minutit – 1 tund 20 minutit.

c) Proovige uba 40 minuti juures, et näha, kui õrnad need on. Otsite lihtsalt õrna uba, millel on veidi hambumus, ja kestadel hakkavad ilmnema koorumise tunnused. Niipea kui olete valmis, kurna oad ja tõsta kõrvale ning puista peale veel veidi soola.

d) Valmistage kaste, lisades tahini, meresoola ja küüslaugupulbrit väikesesse segamisnõusse ning vahustades, et see seguneks. Seejärel lisa vähehaaval vett, kuni moodustub valatav kaste.

e) Lisage keskmisele pannile 1/2-tolline vesi ja keetke keskmisel kuumusel. Tõsta lehtkapsas koheselt tulelt ja tõsta serveerimiseks väikesesse nõusse.

85. Safran metsik riis ja peedi salat

Valmistab: 6 portsjonit
Koostis:
- 6 supilusikatäit ekstra neitsioliiviõli
- 2 spl Värske sidrunimahl
- 2 väikest küüslauguküünt ; hakitud
- ½ tl Jämedat soola
- ½ tl jahvatatud köömneid
- ¼ teelusikatäit punase pipra helbed
- 4 väikest Peet küljes rohelistega
- safraniga keedetud metsikut riisi
- 2 tassi Köögiviljapuljongit
- 5 tl Oliiviõli
- 2 untsi õhukeselt viilutatud šalottsibul
- 3 keskmist küüslauguküünt; hakitud
- 1½ supilusikatäit värsket sidrunimahla
- ¼ teelusikatäit soola

Juhised:
a) Mähi iga peet eraldi fooliumisse ja küpseta õhukese noaga läbitorkamisel pehmeks, 45 minutit kuni 1 tund. Koorige ja asetage peet väikesesse kaussi, lisage 2–3 supilusikatäit marinaadi ja segage õrnalt. lisa metsik riis

b) kuumuta 3 tl oliiviõli keskmisel-kõrgel kuumusel. Lisa šalottsibul ja küpseta krõbedaks, sageli segades, umbes 3 minutit. Lisa küüslauk ja lisa peediroheline . Sega juurde sidrunimahl ja sool. Maitsesta pipraga.

86. Must uba ja Wild Rice salat

Koostis:
- 5 supilusikatäit oliiviõli
- ½ tassi metsikut riisi; loputatud
- 1 tass kana- või köögiviljapuljongit
- ¼ teelusikatäit jahvatatud köömneid
- 2 spl laimimahla
- 1 tass keedetud või konserveeritud musti ube
- 1 tass terve tuumaga maisi
- 1 suur küps tomat
- 1 väike magus punane pipar
- 2 rohelist sibulat; peeneks hakitud
- 3 supilusikatäit hakitud koriandri lehti
- 2 tassi segatud salatirohelist

Juhised:

a) Kuumuta 1 spl õli keskmisel kuumusel. Lisa metsik riis ja sega kuni röstitud ja aromaatne – umbes 5 minutit. Segage puljong, köömned ja sool; kuumuta kõrgel kuumusel keemiseni. Alandage kuumust madalaks, katke kaanega ja hautage, kuni vedelik on imendunud – umbes 15 minutit.

b) Sega keskmise suurusega kausis kokku ülejäänud 4 supilusikatäit õli, laimimahl ja must pipar. Segage mustad oad, mais, tomat, punane pipar, roheline sibul, koriander, hakitud petersell ja keedetud metsik riis.

c) Serveerimiseks jaga rohelised 4 salatitaldriku vahel. Tõsta lusikaga metsriisi segu rohelistele.

87. Tsitrusviljade riisi salat

Valmistab: 4 portsjonit

Koostis:

- 1 tass metsikut riisi, keedetud
- 1 tass kuubikuteks lõigatud (koorimata) kurk
- ½ tassi kuubikuteks lõigatud viigimarju või kuivatatud aprikoose
- ½ tassi Mandariiniapelsini lõigud
- ¼ tassi päevalilleseemneid
- 2 rohelist sibulat; kuubikuteks lõigatud
- 2 spl hakitud värsket koriandrit
- 1 tl riivitud sidruni- või laimikoort
- 3 spl sidruni- või laimimahla
- 3 tilka seesamiõli; rohkem või vähem
- 1 tl granuleeritud suhkrut
- ¼ teelusikatäit jahvatatud köömneid
- ¼ teelusikatäit jahvatatud koriandrit

Juhised:

a) Sega salatikausis metsik riis, kurk, viigimarjad, apelsinilõigud, päevalilleseemned, sibul ja koriander.

b) Kaste: Sega väikeses kausis sidrunikoor ja -mahl, seesamiõli, suhkur, köömned ja koriander; vala salatile ja sega läbi. Serveeri kohe või kata ja hoia külmkapis kuni 3 päeva.

88. Amarant ja Metsiku riisi salat

Valmistab: 4 portsjonit

Koostis:
- 1 tass metsikut riisi, keedetud
- 1 spl Taimeõli
- Tillikaste
- 1 supilusikatäis amarant
- 6 väikest punast redist, viilutatud
- 1 väike kurk
- ¼ naela Jarlsbergi juustu
- Värsked tillioksad

Juhised:

a) poputamiseks kasutage väikest rasket kastrulit. Kuumuta kuiv kastrul keskmisel-kõrgel kuumusel väga kuumaks. Kasutage väikest kondiitripintslit, et seemned liiguksid ja need ei põleks, lisage amarant ning segage ja küpseta kohe, kuni seemned paiskuvad.

b) Lisage tillikaste, redised, kurk ja juust suures kausis jahutatud metsriisile. Viska amarant salatisse. Tõsta salat serveerimisnõusse.

c) Tillikaste: Sega tihedalt suletava kaanega purgis kokku kastme koostisained. Katke ja loksutage, kuni see on hästi segunenud.

89. Baklažaan metsiku riisiga

Valmistab: 4 portsjonit

Koostis:
- 2 baklažaani, keedetud
- 1 tass metsikut riisi, keedetud
- 1 väike sibul
- 2 küüslauguküünt; hakitud
- 1 Poblano pipar
- 1 banaan või ungari pipar
- ½ tassi Tomatipüree või tomatikaste
- Värske pipar ja sool maitse järgi
- ¼ tassi jahvatatud kreeka pähkleid
- 1 tass keedetud kikerherneid
- Näputäis nisujahu ja gluteenijahu

Juhised:

a) Tükelda baklažaani sisemus ja tõsta kõrvale praadima.

b) Lisa suurele pannile vesi ja kuumuta keskmisel kuumusel. Seejärel lisage sibul, küüslauk, paprika ja baklažaani sisemus ning praadige, lisades vajadusel veidi vett.

c) Seejärel lisage tomatipüree, sool, pipar, kreeka pähklid ja kikerherned.

d) Kata kaanega ja hauta umbes 5 minutit, aeg-ajalt segades. Lisage keedetud metsriis, nisujahu ja gluteenijahu köögiviljapraadile ning segage hästi. Täida baklažaanikoored Wild Rice seguga. Küpseta.

90. Metsiku riisi suvine salat

Valmistab: 1
Koostis:
- 4 tassi keedetud AM metsikut riisi
- ½ tassi kooritud pekanipähklit
- ½ tassi hakitud rohelist sibulat
- ½ tassi viilutatud musti oliive
- ¾ tassi viilutatud seeni
- ¾ tassi rosinaid kuumas vees
- ¼ tassi sidrunimahla
- 2 supilusikatäit Tamari
- ⅓ tassi Rafineerimata oliiviõli
- ¼ teelusikatäit Pipar

Juhised:
a) Sega esimesed kuus koostisosa suures kausis kokku. Eraldi anumas segage viimased neli koostisosa. Valage vedelik salatile ja segage õrnalt.

b) Parima maitse saavutamiseks lase enne serveerimist umbes tund aega külmkapis taheneda.

91. Metsik riis tempeh- nuggettidega

Valmistab: 1 portsjonit
Koostis:
- 1½ tassi metsikut riisi , keedetud
- 1½ tassi värskeid või külmutatud maisiterad;
- Tempeh Adobo Nuggets
- 1 tass punast paprikat; peeneks kuubikuteks lõigatud
- ½ tassi punast sibulat; peeneks kuubikuteks lõigatud
- ½ tassi koriandrit; tihedalt pakitud, hakitud
- 1 Jalapeno pipar; seemnetega, peeneks tükeldatud
- ¼ tassi laimi-Shoyu vinegretti
- 2 spl Värske laimimahl
- Radicchio; garneeringuks

Juhised:
a) Lisa mais Wild Rice'ile ja küpseta pehmeks, kuid siiski krõmpsuvaks .

b) Kui metsik riis lõpetab auru, viska sisse tempehi tükid, punane paprika, sibul, koriander, jalapeno ja piisavalt vinegretti, et koostisained kergelt katta . Lisa soovi korral laimimahla. Serveeri soojalt või toatemperatuuril radicchio voodil.

92. Wild Rice tabbouleh salat

Valmistab: 10 portsjonit
Koostis:
- 2 tassi Metsik riis; loputatud
- ¾ tassi Värsket peterselli, hakitud
- ¾ tassi küpsed tomatid; kuubikuteks lõigatud
- 1 kurk; kooritud seemnetest ja kuubikuteks lõigatud
- 1 hunnik rohelist sibulat; hakitud
- 5 oksakest värsket piparmünt; hakitud
- 4 supilusikatäit Ekstra neitsioliiviõli
- 2 spl ploomiäädikat
- 2 küüslauguküünt kooritud ja pressitud

Juhised:
a) Keeda metsikut riisi vastavalt pakendi juhistele. Lahe. Kombineeri metsik riis, petersell, tomatid, kurgid, küüslauk, roheline sibul ja piparmünt. Sega hästi.

b) Sega kokku oliiviõli, ume ploomiäädikas ja küüslauk ning sega salatisse.

93. Ensalada koos metsiku riisiga

Valmistab: 7 portsjonit
Koostis:
- 2 tassi keedetud metsikut riisi
- ⅓ tassi laimimahla
- 2 Aji tšillit
- ⅔ tassi oliiviõli
- 2 keskmist kurki
- 1 suur tomat; seemned eemaldatud, kuubikuteks lõigatud
- 8 rohelist sibulat; valge ainult õhukeselt viilutatud
- ⅓ tassi Itaalia peterselli; värske, hakkliha
- ⅓ tassi piparmünt; värskelt hakitud
- Sool ja must pipar
- 2 Bibbi salati pead; hakkima
- 3 muna; kõvaks keedetud ja viiluta õhukeseks
- 2 värsket maisikõrvad
- 1 tass Mustad oliivid; paksult viilutatud

Juhised:
a) Vahusta laimimahl, tšillid ja oliiviõli ning tõsta kõrvale.

b) Kombineeri metsik riis, kurgid, tomat, roheline sibul, petersell ja piparmünt ning sega õrnalt. Vala peale laimimahla segu ja viska uuesti läbi. lisa maitse järgi soola ja värskelt jahvatatud musta pipart.

c) Salati serveerimiseks asetage 6 või 8 üksikule taldrikule tükk hakitud Bibbi salatit ja kaunistage mõne või kõigi soovitatud lisanditega.

94. Apteegitill Metsik riis salat

Valmistamine: 1 portsjon
Koostis:
- 3 tassi keedetud metsikut riisi
- 1 tass hakitud apteegitilli sibul
- 2 spl hakitud šalottsibulat
- 1 tl riivitud sidrunikoort
- 1 tl riivitud apelsinikoort
- ⅔ tassi värsket apelsinimahla
- 2 spl Värske sidrunimahl
- ¼ tassi hakitud värsket basiilikut
- 2 tl Oliiviõli
- ¼ teelusikatäit soola
- ⅛ teelusikatäis pipart
- 2 tassi Oranžid osad
- ¼ tassi hakitud kreeka pähkleid, röstitud

Juhised:

a) Kombineeri metsik riis, apteegitill ja šalottsibul suures kausis; kõrvale panema.

b) Sega väikeses kausis kokku järgmised 8 koostisosa (sidrunikoor läbi pipra); sega põhjalikult.

c) Vala peale Wild Rice segu ja viska korralikult läbi. Tõsta igale neljale taldrikule 1 tass salatit.

d) Asetage iga salati ümber ½ tassi apelsinitükke; puista igale salatile 1 supilusikatäis kreeka pähkleid.

95. Rio grande Wild Rice salat

Valmistab: 4 portsjonit
Koostis:
- 3 supilusikatäit sidrunimahla
- 3 supilusikatäit oliiviõli
- 3 supilusikatäit koriandrit, hakitud
- Meresool
- Värskelt jahvatatud must pipar
- 1 tass värsket või külmutatud maisi
- ½ tassi köömnetega keedetud metsikut riisi
- 1 tass keedetud mustad oad
- 1 keskmine tomat; kuubikuteks lõigatud
- 3 supilusikatäit punast sibulat, hakitud

Juhised:

a) Vahusta sidrunimahl, oliiviõli, koriander ning maitse järgi sool ja pipar; kõrvale panema.

b) Laske väikeses kastrulis 1–½ tassi vett keema ja lisage mais.

c) Alanda kuumust ja lase maisil pehmeks keeda. Nõruta mais, jättes alles 1 tassi keeduvedelikku.

d) Sega kausis jahtunud metsriis, mais, mustad oad, tomat ja sibul. Vala peale kaste ja sega õrnalt läbi. Tõsta salat serveerimiseks külmkappi

96. Puuviljadega metsiku riisi salat

Valmistab: 4 portsjonit
Koostis:
- 3 tassi metsikut riisi, keedetud
- 8¾ untsi aprikoosipoolikud, nõrutatud
- 1 Mereoranž, jaotatud
- 1 tass seemneteta punaseid viinamarju, poolitatud
- ¼ tassi talisibul, viilutatud
- ¼ tassi värsket peterselli, hakitud
- ¼ teelusikatäit musta pipart
- soola

Juhised:
a) Viska keskmises kausis metsik riis, aprikoosid, apelsinid, viinamarjad, talisibul, petersell ja must pipar.
b) Maitsesta soovi korral soolaga.

97. Ürdiga metsiku riisi salat

Valmistab: 4 portsjonit
Koostis:
- 1½ tassi herneid või ube
- 3 tassi külma keedetud riisi
- ½ tassi murendatud madala rasvasisaldusega kitsejuustu
- ⅓ tassi hakitud värsket peterselli
- ⅓ tassi hakitud värsket estragoni
- ⅓ tassi hakitud värsket murulauku
- ⅓ tassi sidrunimahla
- 1 spl ekstra neitsioliiviõli

Juhised:
a) Kuumuta 2-liitrises kastrulis kõrgel kuumusel üks kvart vett keema. Lisa herned. Küpseta umbes 4 minutit või kuni pehme; ära küpseta üle. Nõruta ja loputa külma vee all.
b) Asetage metsik riis suurde kaussi. Lisa herned, kitsejuust, petersell, estragon ja murulauk. Viska kergelt läbi.
c) Vispelda tassis kokku sidrunimahl ja oliiviõli. Vala salatile.
d) Vähendage kuumust, katke pann ja küpseta 10–15 minutit või kuni see on pehme, kuid mitte pudrune. Tühjendage järelejäänud vedelik. Terade eraldamiseks kohevaks kahvliga. Enne salatisse segamist lase jahtuda.

98. Vermitud metsriisi puuviljasalat

Valmistab: 4 portsjonit
Koostis:
- ¼ teelusikatäit soola
- 6 untsi metsikut riisi; keetmata
- ⅓ tassi piparmünt; hakitud
- ¼ tassi jogurtit
- 2 supilusikatäit apelsinimahla
- 1½ tassi maasikaid; viilutatud
- 2 keskmist kiivi
- 1 tass mandariini apelsine

Juhised:
- Kuumuta keskmises kastrulis 2 tassi vett ja soola keemiseni; lisa metsik riis. alandage kuumust madalaks; hauta 15 minutit, kuni metsriis on läbipaistev. Sega köögikombainis või blenderis kokku piparmünt, jogurt ja mahl, püreesta ühtlaseks massiks. Kõrvale panema.
- Kõrvale kuus maasikaviilu ja kolm kiivi viilu kaunistamiseks. Sega suures serveerimiskausis kokku ülejäänud maasikad, ülejäänud kiivi ja mandariiniapelsini osad. Valage puuviljasegule jogurtikaste; viska mantlile. Lisa keedetud metsriis; viska õrnalt, et hästi seguneks.
- Kaunista reserveeritud maasika- ja kiiviviiludega. Hoidke kaanega 1-2 tundi külmkapis, kuni see on põhjalikult jahtunud.

99. Mündi apelsini ja metsiku riisi salat

Valmistab: 6 portsjonit
Koostis:
- 3 suurt apelsini
- 1 tass porgandit; õhukeseks viilutatud
- 2 tassi keedetud metsikut riisi; hirss või muu
- 6 selleri varred; õhukeseks viilutatud
- ¼ tassi mee sinepi kaste
- 3 spl Värske laimimahl
- ¼ tassi hakitud värsket piparmünt
- Rooma või muud salatilehed

Juhised:
a) Sega serveerimiskausis kõik koostisosad, välja arvatud salatilehed.

b) Serveeri salat salatipeenral või tükelda salat ja raputa enne serveerimist salatiga üle.

100. Metsiku riisi ja krevettide salat

Valmistab: 4 portsjonit

Koostis:
- 1 tass metsikut riisi, keedetud
- ½ naela krevetid; keedetud; 1/2-tolliste täringutega
- ½ tassi värsket koriandrit; peeneks hakitud
- ¼ tassi värsket murulauku või rohelist sibulat
- 1 jalapeno pipar; hakitud
- 1 iga küüslauguküüs; hakitud
- 1 tl Sool
- ½ teelusikatäit Must pipar
- 3 supilusikatäit laimimahla
- 1 spl mett
- 1 spl sojakastet
- 2 supilusikatäit oliiviõli

Juhised:
a) Kastmeks vispelda omavahel jalapeno, küüslauk, sool, pipar, laimimahl, mesi, sojakaste ja oliiviõli. Viska õrnalt üle metsiku riisiga.
b) Maitsesta maitse järgi.

KOKKUVÕTE

Loodame, et see kokaraamat on inspireerinud teid uurima loodusliku riisi paljusid maitsvaid ja toitvaid võimalusi. Oma ainulaadsest maitsest ja tekstuurist kuni koostisosana mitmekülgsuseni on metsik riis tõeliselt imeline tera.

Olenemata sellest, kas kasutate seda klassikalistes roogades, nagu metsiku riisisupp, või katsetate uusi loomingulisi retsepte, lisab metsik riis teie toidule kindlasti maitsva ja rahuldava elemendi. Niisiis, järgmine kord, kui otsite maitsvat ja toitvat koostisosa, sirutage käe metsiku riisi poole ja laske oma loovusel võimust võtta.

Aitäh, et liitusite meiega sellel kulinaarsel seiklusel ja head kokkamist!

www.ingramcontent.com/pod-product-compliance
Lightning Source LLC
Chambersburg PA
CBHW070353120526
44590CB00014B/1117